灼見名家 編著

香港：走向國際專上教育樞紐

大學校長訪談錄

中華書局

序一

2024年灼見名家十大校長論壇
教育局局長蔡若蓮博士致辭

文社長、各位校長、嘉賓、朋友：

大家好！很高興出席今天的活動，與大家一起，探討香港如何成為國際教育樞紐，見證「灼見名家」成立10周年的重要里程。

一直以來，灼見名家致力於建立成為優質媒體平台，匯集各方翹楚，為讀者和觀眾提供名家智慧、權威分析及精闢見解。節目內容精彩紛呈，題材多元，不僅增長大家的知識和見聞，也推動了社會的發展和進步。感謝灼見名家的努力和貢獻，相信在文社長的帶領及潘博士的支持下，平台定能承先啟後，繼續推動文化教育發展，邁向另一個光輝10年。

十大校長論壇是灼見名家成立時的首項盛事。當時，10位校長鼎力支持，為香港高等教育的發展建言獻策，別具意義。當今世界急速發展，香港高等教育亦面臨許多轉變和挑戰，我要特別感謝高教界同仁迎難而上，不斷開拓創新，與時並進，努力適應全球化和數字化帶來的衝擊，讓香港高等教育在國際舞台上綻放光芒。今天的十大校長論壇，重點探討香港高等教育的發展，不同的觀點意見互相交流切磋，對香港教育的未來意義重大。

三中全會《決定》提出，支持香港打造國際高端人才集聚高地。未來十年，是香港高等教育發展的黃金機會。二十大報告強調，「教育、科技、人才是全面建設社會主義現代化國家的基礎性、戰略性支撐」。剛舉行的全國教育大會，習主席指出要優化高等教育佈局，完善高校學科設置調整機制和人才培養模式，加強基礎學科、新興學科、交叉學科建設和拔尖人才培養。同時，要深入推動教育對外開放，統籌「引進來」和「走出去」，不斷提升我國教育的國際影響力、競爭力和話語權。

在科技高速發展的 21 世紀，國家現代化建設突飛猛進，高校承擔着人才培養和科學研究的雙重使命，是教育強國建設的龍頭，任重道遠。香港高校有着高度國際化與多元化的特色，香港擁有 22 所可頒授學位的專上院校，其中八所教資會資助的大學中，有五所躋身世界百強。最新的排名結果顯示香港的院校不斷進步，這使香港成為全球頂級大學最集中的城市之一，而多個學院、學科及課程亦屬全球首屈一指，加上良好的教育基建、優秀的科研人才和雄厚的研究實力，優質的教育品牌得到海內外的廣泛認知和認同。因此，我們正以精益求精的態度，持續優化院校管治，不斷提高香港高等教育的競爭力與影響力。

行政長官《2023 年施政報告》提出：建設香港成為「國際專上教育樞紐，未來人才搖籃」，以增強香港發展動能，助力國家教育強國目標和「一帶一路」倡議，同時，抓緊粵港澳大灣區高速發展的機遇，為落實「十四五」規劃中香港「八大中心」建設，做好人才支撐，推出多項重點措施：

首先，支持本地院校擴容提質，吸引更多非本地學生留學香港，加強國際化和多元校園體驗。擴大香港高等教育規模的同時，也拓寬學生的國際視野。我們擴大非本地學生限額，吸引更多「一帶一路」國家，以及海內外優秀學生來港升學；又放寬非本地學生在港就業安排，吸引他們畢業後留港升學和工作。另外，我們為了配合發展也加速推展宿舍項目，目標在 2027 年之前增加更多宿位；又向政府獎學基金額外注資，增加「一帶一路」獎學金的名額；同時逐步增加香港博士研究生獎學金計劃名額，吸引更多傑出人才來港就學及進行研究。目前，我們正推進「北都大學教育城」項目，鼓勵專上院校與中外知名院校加強合作，通過區內共用資源和產業聯動提升協同效應，為高等教育增添新動力。

教育局局長蔡若蓮博士（左五）與出席 2024 年十大校長論壇的校長及灼見名家傳媒董事會主席潘燊昌博士（左四）、灼見名家傳媒文灼非社長（右五）及營運總監黃小華女士（右四）合影。

第二，鼓勵專上院校發揮龍頭作用，加強國際交流合作，引入國內和海外一流教育機構和組織扎根香港。我們進一步加強與大學校長會國際化小組合作，積極推動「留學香港」品牌的宣傳推廣工作，拓展國際網絡，吸引更多不同地區學生來港升學，同時為香港學生開拓境外交流的學習機會，培養既懂國家又懂世界的年輕人。

第三，推動香港與內地高等教育協同發展，優勢互補。兩地的高校共有超過 320 個學生交流協議及接近 3,000 個正在進行的學術研究合作項目。同時，我們支持香港高等院校在大灣區及其他內地城市建立多邊及跨學科的合作關係，為科研發展、知識轉移及產業化締造有利條件，促進區內進行高水平的學術研究活動。香港多所高校在粵港澳大灣區的內地城市開展合作辦學項目，把香港的優勢教育品牌和一流教育資源引進大灣區，發揮「國家所需、特區所長」的作用。

另外，我們亦支持兩地高校結盟。除了京港、滬港大學聯盟，香港與內地及澳門高校也分別成立了：粵港澳高校聯盟、蘇港澳高校合作聯盟，以及魯港澳高校院所創新聯盟，匯聚精英院校，通過完備的合作機制，凝聚優質教研資源，深化成員院校在科技創新、人才交流等領域的合作共贏，提升區域合作層次和水準，與不同範疇的發展。

事實上，香港要增強發展動能，必須同時優化人力資本，培育更多掌握應用技術能力的高質量人才。配合國家深化現代職業教育體系建設改革，特區政府以「職學聯通、多元發展」的策略，在不同層面、多管齊下推動職專教育，鼓勵年輕人按個人的能力和興趣，選擇升學出路，加入不同行業，達致「行行出狀元」的目標。2024 年 3 月香港都會大學正式成為香港首間應用科學大學，未來，我們會繼續提供其他相關財政和配套，協助相關院校成立應用科學大學聯盟，進一步支援應用科學大學的可持續發展，為香港及國家培養專業技術人才。

當今世界，科學技術高速發展，面對全球競爭，我鼓勵香港高校要瞄準世界科技前沿，致力協同創新，同時凝聚力量，拼船出海，發揮「背靠祖國、聯通世界」的優勢，積極在國際舞台上展示香港教育的實力，吸引更多優秀人才來港升學和進行科研，努力成為世界一流院校，培養世界一流人才，增強香港發展動能，助力國家教育現代化建設。

最後，祝願今天的活動圓滿成功，各位身體健康。謝謝！

2024 年 10 月 9 日

序二

香港發展成為國際教育樞紐要有新思維

陳坤耀教授
嶺南大學前校長、著名經濟學家

灼見名家傳媒於 2024 年慶祝創社十周年，第二次舉辦十大校長論壇，影響力不下十年前香港首次舉辦的十大校長論壇。更難得的是，灼見名家為每位校長做深度訪談，出版特刊。2025 年更出版增訂新書，文灼非社長邀請寫序，我很樂意支持。

我與灼非有很深厚的友誼，80 年代他在香港大學讀書的時候，我在經濟系任教及主持亞洲研究中心。他在 1986 年擔任港大學生會副會長期間，我們有較多交往。後來他加入新聞界，我們的互動更多，常有機會接受《信報》的訪問。印象最深的是，1994 年我獲選為嶺南學院新校長，灼非馬上親自到港大鄧志昂樓我的辦公室做專訪，很快以大篇幅刊登。我在嶺南大學服務 12 年，期間灼非由《信報》助理總編輯升任為《信報月刊》總編輯，我們都合作無間。2007 年《信報月刊》慶祝創辦 30 周年，我接受訪問回憶我與這份權威財經雜誌的淵源。灼非與他的同事廖美香更舉辦香港八大校長論壇，主題是「香港如何成為區域教育樞紐」，可謂開風氣之先，與我同台分享的講者分別是：香港大學徐立之校長、香港中文大學劉遵義校長、香港科技大學錢大康署理校長、香港理工大學潘宗光校長、香港城市大學張信剛校長、香港浸會大學吳清輝校長、香港公開大學梁智仁校長，大家對香港的大學發展方向有深度對話。

當年我在論壇提出，港人對發展教育樞紐有一些錯誤觀念，第一，一般人不明白為何我們要吸引非本港學生來香港念本科，其實這是為我們的本科生着想，校園要創造一個跨文化的學習氣氛及環境，給本地學生一個廣闊視野，有機會接觸不同文化的人，產生許多衝擊、思維及創意，這是最主要的。第二，誤以為母語教學就是愛國，回歸後愈來愈內向，即很多事都本地化，我們使用英文並不是忘本，不是說我們不愛國，只因英文是一種國際語言，我們須走向國際化。第三，心態上敵視海外生，以為他們會搶了本地生的學位及工作機會，或是令納稅人多支付了一些補貼，這是很狹隘的想法。我們不能只看重對金錢的投入，看教育樞紐的效益不能只看學費來源，而是長遠的回報，他們回國後或在其他地方工作，就是我們很好的的宣傳大使。我還提出要吸引海外留學生來港念全日制本科課程，有賴政府設立中央獎學金制度，即使哈佛、牛津也給予獎學金吸引人才，可以仿效英聯邦獎學金。

18 年後這些觀點還沒有過時。特首在 2023 年的《施政報告》提出發展香港成為國際專上教育樞紐，讓香港學生更獲益，更有國際視野，專上教育有更專業和優秀的擴展空間和生命力，進一步提升香港在國際的聲譽和地位，把香港專上教育提到更高台階。2024 年的《施政報告》提出打造「留學香港」品牌，爭取舉辦國際教育會議及展覽，推動本港專上院校提升與各地院校的合作交流，在全球推廣「留學香港」品牌，透過獎學金等吸引更多境外尤其東盟及其他「一帶一路」國家的學生來港升學。

不過，我們不要把教育作為產業看得太重。教育國際化的主要目的是參與國際間互相培養人才，擴闊本地學生的視野和增進文化交流；通過外地學生提高香港的知名度和聲譽，以及對香港的信任和支持。我們發展香港作為國際教育樞紐，要有新思維，也要從上面的宗旨出發。

序三

大學的表現決定香港未來在世界的角色

陳繁昌教授
香港科技大學、阿卜杜拉國王科技大學前校長

灼見名家傳媒 2024 年 11 月 11 日舉辦十周年論壇，文灼非社長邀請我擔任演講嘉賓，分享我在中東管理阿卜杜拉國王科技大學的經驗及對香港如何開拓中東市場的看法，重回舊地見到很多老朋友，香港依舊充滿活力。

2014 年 10 月 22 日，灼見名家傳媒舉辦創社十大校長論壇，當時我以香港科技大學校長的身份出席擔任演講嘉賓，是一次令人十分難忘的經歷。論壇舉辦期間正值非法佔領中環行動進行得如火如荼的時候，文灼非竟然在中環恒生銀行博愛堂舉行大學校長論壇，充滿挑戰，300 多位出席嘉賓見證一個新媒體的誕生，活動相當成功，引起社會各界關注。

在校長論壇上我對香港高等教育提出了一些忠告：

表面上香港的學術成就相當不錯，排名榜上亦常常佔據較高的位置，但是我們必須反思，於學術方面香港是否當真擔當着領導全球的角色？全球現正面臨很多問題，例如能源危機、貧富懸殊，對於這些議題香港將來能否領導世界，想出解決方法，讓全球各地區都來向我們借鏡？我認為只有做到這樣，方可稱得上領導世界，否則排什麼名都是無用。在這方面香港仍有不足之處。

另外不要將教育政治化，時常有人問：為何香港院校錄取這麼多非本地生？要是把教育政治化，我們擁有的學術自由定必一落千丈。如要保留我們現存國際優勢，一定要讓院校維持自主。其實無論錄取非本地生也好，聘請非本地教授也好，都是為了本地生的利益。

國際化不是統計，我們追求的不是海外生的數量，也不是他們的來歷，我們要確保他們來到香港可以融入社會，這樣學生才有得着。試想想 20 年後，香港高教界的地位會是怎樣？我們的畢業生屆時面對的社會將是如何？思考過這些問題後，我們一定不能只想着這個 700 萬人的地區。所以當我得悉香港學生廣受外國企業喜愛時，心情是十分鼓舞的，因為這證明香港學生前途光明。

這十年來，香港的大學經歷了很多挑戰，從 2014 的非法佔領中環到 2019 年的黑暴，所有學府都受到影響，有兩間大學的校園衝突與對抗特別嚴重，幸好一切都已成過去。從正面看，香港的高校在全球大學排名一直保持優異的聲譽，成為一個極具價值的教育樞紐，特別是在地緣政治的戲劇性轉移及世界秩序的急速變化時，更值得關注。香港未來在世界的角色，視乎她的大學表現有多好。

灼見名家傳媒這個高端平台經營得很成功，十年多前網上媒體比較前衛，文灼非看到傳統紙媒的局限，敢於放棄服務了 21 年的《信報》舒適網，打拼開創出一番新事業，他的創業家精神令人敬佩，而灼見名家十年來在香港以至全世界的華人社會發揮了重大影響力。很高興灼見名家 2024 年 10 月 9 日再次舉辦十大校長論壇，再次出版校長訪談錄。十年人事幾番新，大部分大學校長已經換了人，論壇同樣在中環恒生銀行博愛堂舉行，各位校長的高見得到傳媒廣泛報道。高等教育在香港擔當非常重要的角色，社會各界須要大力支持。校長訪談錄 2025 年結集出書，很有紀念及參考價值。

自序

十年磨一劍 再度舉辦香港十大校長論壇

文灼非
灼見名家傳媒社長

2024 年 10 月 9 日舉辦的第二次十大校長論壇，主題為：香港如何發展成為國際專上教育樞紐，是灼見名家傳媒慶祝十周年首場大型活動，邀請十位校長分享真知灼見。

筆者創辦的灼見名家傳媒轉瞬踏入十周年，十年來香港經歷了政治最動盪不安的歲月，也遭遇三年疫情的無情肆虐，社會元氣大傷，傳媒行業面對嚴峻挑戰。

2014 年，灼見名家網站在非法佔中爆發前啟動，開幕論壇定於 10 月 22 日舉行，非法佔中進行得如火如荼。2014 年初筆者大膽做了一個嘗試，邀請十間高校的校長出席論壇，在中環恒生銀行總行博愛堂舉行，主題是：香港高等教育如何維持國際優勢。十位校長暢所欲言，觀點獨到，當日 300 多位各界社會賢達到賀，場面熱鬧溫馨。

十年人事 幾番風雨

十年後，這十位校長有九位已經離任，只有香港恒生大學何順文校長仍在位。港大馬斐森校長在位 3 年後辭職，2018 年出任英國愛丁堡大學校長。中大沈祖堯校長 2017 年底卸任留校繼續教研工作，2020 年獲邀出任新加坡南洋理工大學醫學院院長暨高級副校長。科大陳繁昌校長 2018 年 8 月卸任後，9 月出任沙特阿拉伯阿卜杜拉國王科技大學校長。理大唐偉章校長 2018 年底卸任後，出任香港桂冠論壇委員會主席，2024 年 3 月接任香港研究資助局主席。城大郭位校長 2023 年 5 月完成三任校長任期，留校出任高等研究院資深院士。浸大陳新滋校長 2015 年卸任，轉赴廣州中山大學致力新藥研發。嶺南大學鄭國漢校長及香港教育大學張仁良校長都在 2023 年退休。香港公開大學黃玉山校長 2021 年卸任後，曾出任香港研究資助局主席。

新校長的辦學理念

為了慶祝灼見名家傳媒創辦十周年，筆者 2024 年初決定再舉辦十大校長論壇，因為大部分院校都換了新校長，很值得邀請他們分享對辦學的理念。

香港大學張翔校長 2018 年中上任，不到一年便遇上社會事件及「黑暴」，其間港大校園受到的破壞較少。之後的三年疫情，港大醫學院多位專家發揮了重大作用，令疫情對市民的傷害減到最低，因為表現突出，2021 年張校長獲提前續約五年。最近一年張因為管治風格與校委會主席王沛詩有矛盾，出現勢不兩立的局面，港大何去何從，廣受各界關注。2024 年底，王冬勝接任校委會主席，港大高層鬥爭告一段落。

2024 年 10 月 9 日，灼見名家傳媒再辦十大校長論壇，邀請十位校長分享真知灼見。

香港中文大學段崇智校長也是 2018 年上任，一年後的社會事件，中大校園成為重災區，校內部分學生夥同校外激進分子對校園及公共設施造成大量破壞，段校長的處理手法受到批評。但在他的領導下，近年中大科研成果突出，在大灣區發展具領先地位，國際排名也創新高。在慶祝 60 周年期間管理層與校董會的矛盾無法解決，2024 年初，段校長在第二個任期開始不久提出辭職，在年底離任前，樂意在論壇分享看法。

香港高校在內地辦學近年見到突出的成績，香港科技大學是繼香港浸會大學及香港中文大學之後，在廣州南沙落戶，發展一所研究型的新興大學。創校校長倪明選教授是香港科大原首席副校長，曾任澳門大學學術副校長，大灣區辦校經驗豐富，科大廣州分校的教研模式獨樹一幟。

香港理工大學滕錦光校長在 1994 年便加入理大教書，是見證大學發展的元老。他於 2017 年當選為中國科學院院士後，2018 年曾短暫出任南方科技大學副校長，2019 年初獲委任為理大校長，7 月上任即遇上社會事件，11 月中爆發理大事件，校園滿目瘡痍。這幾年理大很快走出陰霾，科研成果突出。

香港另一所在大灣區開設分校的大學是香港城市大學，東莞分校於 2024 年 9 月正式開辦本科及研究生課程。執行校長魯春教授早年赴新加坡深造並於科研機構工作多年，國際視野廣闊，被譽為是國際上少有曾參加過兩所新型大學創辦的傑出人才，包括沙特阿卜杜拉國王大學及深圳南方科技大學。2023 年魯春教授出任城大副校長（內地策略）及東莞分校執行校長，促進兩所大學的教研互補，發揮大灣區優勢。

衞炳江教授在理大任教及擔任副校長多年後，於 2021 年出任香港浸會大學校長，重視建設數碼人文學科，推動跨學科教育及研究，積極發展中醫藥研究，結合國家及香港的力量推動中醫藥現代化、標準化及國際化。

秦泗釗教授於 2023 年 9 月出任嶺南大學校長，之前擔任過中大深圳分校副校長及城大數據科學學院創院院長，銳意把嶺大從傳統的博雅大學結合數據發展，提出加強文理融合、與數字融合、與大灣區融合及與嶺大歷史融合。

李子建教授於 2023 年 9 月出任香港教育大學校長，之前長期在中大、教大任教及擔任管理層，熟悉香港教育及教師發展問題，上任後將成立兩個新學院，推出新課程，積極推動教學創新。

香港公開大學於 2021 年 9 月正式改名為香港都會大學，原城大副校長林群聲教授同年 4 月出任公大校長，不久後成為都大首任校長。林校長善用大學多年積累的優勢，大力發展都大成為應用科學大學，2024 年 3 月都大獲教育局批准成為香港第一所應用科學大學，並協助政府推動成立香港應用科學大學聯盟，發展職業專才教育。

何順文校長領導香港恒生大學十年，努力令學院正名為大學，成為香港私立大學的重要成員。何校長強調走博雅加專業的路線，提升師資素質，推動跨學科創新教學及重視師生交流，堅持不玩大學排名遊戲，對香港自資院校的發展前景有獨到的見解。

論壇舉辦後，我們再補充訪問了香港中文大學新任校長盧煜明教授、香港科技大學校長葉玉如教授及香港城市大學校長梅彥昌教授，令全書內容更加完整。

2014 年 10 月 22 日，灼見名家傳媒首辦香港十大校長教育論壇，十位大學校長難得同台分享。

目　錄

帶領港大成為世界一流頂尖大學

——專訪香港大學張翔校長

張翔教授

美國華裔光子學及材料物理學科學家，中國科學院院士、美國國家工程院院士。2019 年 7 月 1 日獲特區政府委任為太平紳士。南京大學物理學系學士、碩士，美國明尼蘇達大學理科碩士、加州大學柏克萊分校博士。曾任美國加州大學柏克萊分校葛守仁基金講座教授，同時擔任美國國家自然科學基金會納米科學及工程中心主任，並且曾任勞倫斯柏克萊國家實驗室材料科學部主任。

2017 年 12 月 15 日，獲委任為香港大學第 16 任校長，任期五年，2018 年 7 月 17 日正式上任。2021 年 10 月港大校委會主席李國章宣佈邀請張翔續任港大校長五年，任期延至 2028 年。

他在加州大學柏克萊分校任職時帶領科研團隊利用「卡西米爾效應」進行的實驗成果，獲《物理學世界》選為 2019 年度十大科學突破之一。2008 年獲選為《時代》雜誌「2008 年度十大科學發現」及「2008 年度五十項最佳發明」，並獲《發現》雜誌點評為「2007 年百大科學故事」之一，及入選《研究與開發》雜誌「2006 年 25 個最佳創新產品」。

在香港多間高等學府中，香港大學校長張翔教授近一年多來無疑是新聞性最高的一位，一舉一動備受關注。他接受本社專訪，剖析他如何善用百年老校的優勢，廣攬國際人才，令港大更上一層樓的大計；也分享了任內遇到的機遇與挑戰。

問：

當年你放棄美國柏克萊大學一流的教研機會，願意來香港尋找新的事業發展，為什麼有這個決心？

答：

我在美國的工作、生活一直很順利，管理着一所大型研究機構，每天都跟頂尖的科學家同事和學生在一起，經常有新的突破點，大家一起做出很好的科研成績，非常開心。

後來港大校長全球遴選，我那時對香港的了解還不是那麼全面，但香港大學是一間久負盛名的百年名校，儘管香港那些年有些動盪，但世界的趨勢肯定是要轉向亞洲的，無論中國、日本、韓國還是新加坡這些亞洲國家都發展得相當好。

我認為，現在的中國需要一所真正為中國而設，同時聯通世界的全球頂尖大學，而香港因為國際化程度、英語教學環境，讓這個夢想有絕大機會在香港實現，如果有機會能為香港、為國家甚至全亞洲辦好一所世界頂尖大學，是一件很有意義的事，這是我當初接下這份工作也是迄今未變的願望。

為國為港作出貢獻 破除沉痾奮力向前

問：

你的研究當時是做得很好的，有沒有想過，如果留在柏克萊繼續做研究，有可能獲得更高的科研獎項。你的論文在物理學領域的引用目前排名亞洲第一，但你放棄了難得的研究機會來做港大校長，會不會覺得可惜？

答：

我的研究的確還有一些非常有趣的問題待解決，但現在較少做研究了，基本上全部精力都放在做行政管理和領導工作上了。我很多現在已成為教授的前學生仍繼續做這方面的研究。

其實在香港大學找我之前，有其他大學也找過我做校長，但我沒有去，因為我覺得香港的機會非常好，儘管有挑戰，我還是願意來，若是能為香港、為國家辦好一所頂尖大學，相較我做科研，我一個人做得再好，都不如為香港大學培養出更多更優秀的科研人員和學生，影響力較之我個人可以放大千倍萬倍。

人生不同階段會有不同選擇，我換一個賽道證明自己在管理、領導上也能有一些出色表現也不錯。在我心中，帶領港大成為世界一流大學比我個人科研成就重要得多，這是我職業生涯的最後一章，我想真正為香港做出貢獻，這是我最大也是最好的願望。

港大 2023 年有 51 位傑出學者晉身 2023 年度最廣獲徵引研究人員，創歷年新高。張校長（前排左一）亦為其中之一，學術著作獲國際同儕學者廣泛徵引，晉身全球被引用最多首 1%，是所屬研究領域內極具影響力的人物。（香港大學提供）

問：

當時你眼中的香港大學是一間怎麼樣的學府？有什麼因素吸引你？

答：

我擔任港大校長之前曾經來過香港三四次，中大、理大、城大、科大都去過，唯一沒來過的就是港大。港大是亞洲翹楚，也是非常重要的學術陣地，那時聽朋友說，港大是一所依山而建、非常美麗的學校，但非常高傲，一般人是無法進去的。這不只是我一個人的想法，後來到港大來的多位世界頂尖學者也有同樣反應，其實也反映了港大的一些傳統和問題，為什麼過去港大對國際頂尖學者的交流不夠開放？

有一個報章雜誌形容香港就像一個充滿鯊魚的水池，當時心裏當然有些擔憂，但我想人生總要有所經歷、有所取捨，如今六年過去，我的確體會到了香港為什麼是 shallow pond and full of sharks。

問：

翻查港大歷史，2000 年鄭耀宗校長未完成第一個任期便因政治因素被迫辭職；徐立之校長因港大百周年校慶風波放棄連任；馬斐森校長剛上任即面對非法佔中運動，短短三年便離任；你接任不到一年便爆發 2019 年反修例運動，2024 年又捲入與校委會的鬥爭，你是否覺得港大校長是一個很危險的位置？

答：

港大校長非常難做有幾點原因，首先是香港歷史和社會因素，鬥智鬥勇的文化和香港特定的歷史背景有關，當然可能在港大更加突顯，畢竟港大是香港最好的學府，大家都希望能在這裏爭得一席之地。

第二個原因，我覺得跟香港過去的殖民歷史有關，尤其英國文化特別講究繁文縟節，一切要求循規蹈矩，從某個角度來說也容易效率不彰。其實英國的大學在過去二三十年已做了很大的改革，但無論在何處，要進行改革就難免會得罪人，如果這個改革是對大學整體未來利益有好處就應該支持，而非為了一己之私就阻止它。這兩個因素一旦結合，就容易變成大麻煩。

張校長認為，港大校長非常難做的原因與香港歷史和社會因素有關。

不畏艱難戮力革新　提升港大教研水平

問：

你上任後做了哪些工夫提升港大的教研水平，讓港大國際評比節節上升？

答：

我來港大不到十個月就面臨了 2019 年的社會事件，歷來港大在社會事件中都是鬧得最厲害的，那時大學管理層和校委會齊心協力將學校穩定下來，最後港大在香港幾個大學裏受到的影響是最小的，真的非常感謝校委及同事們的無私奉獻。

即使在面對社會動盪的同時，我們也在同步規劃學校未來發展新方向。我初到任，校委會就要求大學進行有力改革，其中之一就是工資改革。過去港大同事容易有平均主義吃大鍋飯心態，但這對學校發展是不利的，我們也因此損失了不少好員工。我和管理層同事花了兩三年時間做了很多工作，最終幸不辱命完成了這項改革。

港大連續三年被評為最國際化的大學，一間好的學校必須放諸四海尋找最優秀的人才，近幾年已吸引了一大批世界頂級科學家，這些學者對港大的生產力、學術質量甚至校園文化的提升都起了很大作用，為港大帶來蓬勃朝氣，塑造了見賢思齊、積極向上的新文化，這些都不是用金錢能買到的。

「如果有機會能為香港、為國家甚至全亞洲辦好一所世界頂尖大學，是一件很有意義的事。」

我們在港島的校區很小，但即便空間有限，我們仍積極爭取資源，目前有包括學生宿舍、教師宿舍、實驗樓、教學樓等十幾棟大樓正在蓋，完工後大學空間會增加很多，環境好了，自然能吸引更多優秀人才來港大。

問：

你曾經表示，在港大要推行改革十分困難，究竟有什麼阻力，讓校長想推改革不容易？

香港大學於2023年3月15日舉行高桌晚宴，為一系列111周年慶祝活動畫上美好句號。晚宴上，校長張翔教授與港大師生、校友和好友一同慶祝大學豐饒的歷史和光輝的未來。（香港大學提供）

答：

改革在任何地方都是困難的，在港大特別因為幾個原因更有阻力。第一是人的觀念，就算知道改變會提高效能、節省時間，教授可以有更多時間做學問、教學生，但還是會有人覺得侵害了他的既得利益，甚至學校請了比他優秀的教授會遮蓋他的光芒等等，若再加上一些有意的煽動，就讓事情難上加難。

實際上，若將眼光放遠，改革對大家都是有利的，比如某個系請了諾貝爾獎得主、國際知名講師，當你所在的系提升到這個高度時，你的生源、學術地位都會因此提升，甚至整個香港都會因為香港有這樣一所大學而驕傲。要成為一所頂尖大學，人才必須來自五湖四海，不分種族、膚色、宗教、文化，盡可能多元化，才能產生思想上的碰撞，產生更好的火花，而非狹隘的關門主義和地方保護主義。

問：

其他院校這幾年都說要搶全球最好的人才，你花了多少時間，去全球找最好的人才？為什麼他們願意來香港？

答：

我前幾年花了很多時間在全球招募人才，有時晚上因時差關係打電話打到凌晨兩三點，也曾經親自開車在美國兩個城市間來回八小時，只為了延攬一位年輕有為的助理教授。不只我個人，我的同事也是一樣，花了很多工夫招攬全球人才。

香港是中西文化交流的地方，國外學者很喜歡香港的多元、開放，加上全英的教學環境很容易適應。更重要的是，香港是中國的門戶，他們的科研成果未來可以到大灣區去轉化，進入中國市場

2024 年 8 月 30 日，張校長參加非本地學生迎新日，歡迎新一屆同學加入港大大家庭。（香港大學提供）

和企業合作，所以香港很有吸引力。但我們一定要破除地方保護主義，否則頂尖國際人才即使來了香港，也無法長時間在香港留下。

百年名校與時俱進　積極應對教育海嘯

問：

你為什麼積極推動科創地標（Tech Landmark）及國際創新中心項目？工程進展如何？在目前經濟低迷的情況下，籌款壓力是否很大？

答：

港大作為一所百年老校必須與時俱進，比如人工智能不只是計算機，實際上是橫跨科技、文化、藝術、醫學、社會學多方面的，因此跨學科研究在未來是非常重要的。Tech Landmark 主要就是加強跨學科的科研，這三棟跨學科實驗大樓一旦建好，會為港大未來 20 年奠立良好基礎，希望 2025 年春季開始可以陸續完工，讓學生儘早使用。

港大致力於推動香港發展為國際創新科技樞紐，並支持國家「十四五」規劃，確立香港作為國家與世界橋樑的地位。國際創新中心將透過香港的地理優勢，聯繫國家及國際的科研交流，擴大國際科技交流合作。我們的願景是透過中心形成具有全球競爭力的開放創新生態，以聚集全球各地的頂尖科學家共同為人類面臨不同挑戰提供創新的解決方案。

國際創新中心毗鄰香港大學校園和多個學術研究中心，在港島帶動協同效應，形成深科技創新走廊，匯聚學術和創新生態圈及科研人才庫，有利推動業界合作。國際創新中心預計於 2027 年起分階段建設。五個初步策略性研究領域，47,400 平方米工地面積，初步估 1,500 人研究團隊（營運階段）。五個策略性研究領域包括物質科學研究、生物醫藥、數碼未來、碳中和與可持續能源、金融科技。前瞻基礎科研的前沿，匯聚全球優秀科研人才，在規劃階段的五大策略性研究領域中突破知識界限，從而產生協同作用。

我們要推動科研成果的轉化和應用，香港開展源頭創新，大灣區發展應用。港大已有很好的科研成果，建立起了世界級的基礎研究創科平台，在基礎科學和應用研究連繫，將強大的上游基礎研究轉化為對社會有用的技術，進而產業化。港大擁有 1,000 多項專利，世界上最硬的鋼是在港大發明的，納米、晶元研究在世界上也都處於領先地位，港大正在做的噴鼻式新冠疫苗亦有所突破，醫學院的教學與研究團隊不停發表創新的成果，多年來解決不少醫學難

2023 年 1 月 14 日，香港大學於西九文化區藝術公園舉行 ARTathon 藝術嘉年華，校長張翔教授與港大師生、校友和家人朋友們一起歡度了一個愉快的周末。（香港大學提供）

題。牙醫學院團隊利用人工智能分析口腔照片檢測牙齦發炎，把 AI 檢測系統進一步推展至社區。

「一所頂尖大學，人才必須來自五湖四海，才能產生思想上的碰撞，產生更好的火花。」

感謝香港社會對港大的支持，近年已籌募了幾十億捐款，這些款項無論對學校建設或學生獎學金都非常有用。港大目前財務狀況還不錯，我們也有能力完成包括學生宿舍、教師宿舍、運動中心這些得到校委會批准的項目，一切都在順利進行中。

問：

港大在給 UGC 新的三年發展計劃有什麼重點？

答：

我個人認為，未來五至八年全球高等教育將面臨極大衝擊，比如學生可以到 YouTube、MIT、巴黎大學及其他大學自己上網選擇課程學習。人工智能時代的來臨衍生出一個議題：未來的大學應該是怎麼樣的？如果學生的需求變了，大學應該如何應對？

為了因應教育海嘯的來臨，港大必須及早應變，因此我們計劃成立創新學院，鼓勵學生跨學科學習，希望培養一批如 Bill Gates、Elon Musk、馬化騰、馬雲這樣的創新領袖人才，同時因應香港產業多元化，也希望培養學生擁有多元化行業格局。另外，也計劃成立 School of Computational Data Science（計算數據科學學院），用 AI 來改革現有的教育模式。

同時，聯合港大醫學院、工學院、牙醫學院和理學院四大學院成立 School of Biomedical Engineering（生物醫學工程學院），希望利用科技做醫療創新，將新科技融合應用到醫學領域。

問：

2024 年 9 月港大校委會曾舉行特別會議，討論政府年中成立的港大內部運作事宜調研小組的報告，就港大管理層人事安排提出建議全獲接納。你對這個結果有何感想？

答：

大學感謝調研小組過去幾個月的工作。在港大的最佳利益及尊重既定程序的前提下，校方已經在按程序落實建議，帶領大學回復正常運作。過去幾個月，校內許多人都感受到一種不確定性，有些情況非常有挑戰性。感謝教職員在這段困難時期支持大學，在經歷風浪同時仍保持專業。很高興王于漸教授復任港大首席副校長（暫任），宮鵬教授重新擔任副校長（學術發展）；也歡迎新成員加入管理團隊。相信在大家的共同努力下，港大在未來會更加成功。

教育是一個專門的行業，就跟做金融、科技一樣，每個行業都對於過去一年多與校委會間的爭議，張校長感謝同事在這段時期的支持，在經歷風浪的同時仍保持專業。

有自己的特色和特點，理解這個行業是很重要的。我在大學工作將近 30 年，如何進行好的教學、做好科研，是我們專業的東西。我想為香港、為中國做一所頂尖的大學，這不是一件容易的事，改革可能會影響到很多人的利益。儘管不能讓所有人都滿意，但對的事還是要做下去，我是有決心做下去的，儘管有很大困難。不可否認我自己也有缺點，但我會更好的傾聽大家的意見，進一步推進改革，提高效率和追求卓越，只要目標是對的，我們就不會放棄。

成為國際高教樞紐 香港有機遇有挑戰

問：

2023 年特首的《施政報告》提出，香港會發展為國際專上教育樞紐，你覺得香港是否有條件成為國際教育樞紐？港大可以擔當什麼角色？

答：

我非常同意和支持特首和特區政府的這個想法，香港有五所大學進入全球排名前 100 名，2024 年香港大學排名上升到第 17，高於排名 20 的清華大學。香港作為國際專上教育樞紐，不只能吸引世界各地的優秀學生，提高學術水平之餘，還能為香港帶來經濟效益及創造其他價值。

這些外面來的學生也會為香港帶來多元文化，香港學生會有非洲同學、印度同學、美國同學，Internationalization at home，對個人來說具有極大價值。如同港大最近的願景，希望未來在北部都會區有一個全球化校園，可以容納更多新學科，創造更多新文化。

「未來五至八年全球高等教育將面臨極大衝擊，大學應該如何應對？」

問：

現在香港高校主要的國際生態是以內地生為主，還不夠國際化，相對柏克萊、哈佛大學還是有一段距離，如果要朝那個方向，香港還需要做點什麼，才能吸引更全球化的學生來香港，而不只是為內地服務？

答：

因為地緣政治影響，現在要吸引歐美學生有一定的困難。如果香港的高等教育是亞洲第一，相信就能吸引對亞洲文化有興趣的外國學生，雖然港大現在還沒做到亞洲第一，但這是我們未來的目標。

我們也想多吸引「一帶一路」、東南亞、中東、中歐甚至非洲這些新興經濟體國家的學生。我們目前在越南成立了香港大學中心，我相信港大的畢業生一定能為越南經濟發展發揮作用；同時，我們在以

香港大學校長張翔教授（右五）、港大首席副校長王于漸教授（左三）、蒲飛路校園發展項目小組主席譚天放先生（左二）及港大經管學院院長蔡洪濱教授（右三）與其他主禮嘉賓一同主持動土儀式。（香港大學提供）

色列也成立了香港大學創新中心，這些都是港大海外佈局的一部分。

問：

在世界地緣政治的緊張局勢下，港大在聘請國際師資方面是否順利？吸引國際學生有沒有困難？

答：

有挑戰也有機遇。有些華裔學者在國外受到當地政府一些不公正待遇，他們想回到亞洲、回到中國，香港就是一個很好的選擇；另外，尤其是一些西方學者，他們不喜歡當下混亂的社會，因此也願意到香港來；再者是本身對亞洲文化、中國文化有興趣的人也會來。所以保持香港社會的獨特性、多元化、國際化是非常重要的。

採訪：文灼非
撰文：何瑞莉
攝影：文灼峰

擴大書院制度
推動研究及創新

——專訪香港中文大學盧煜明校長

盧煜明教授

1963 年生於香港，獲得劍橋大學文學士學位，牛津大學內科醫學士、外科醫學士、哲學博士及醫學博士學位。1997 年他選擇加入香港中文大學化學病理學系，一路從講師到教授。2025 年 1 月，盧煜明教授出任香港中文大學第九任校長。

盧教授開創的「無創產前診斷技術」，透過抽取孕婦血液即能驗測胎兒是否患有單基因疾病。此技術於 2011 年正式臨床應用，迄今超過一百個國家廣泛使用，盧教授亦被國際被譽為「無創產前檢測之父」。

2011 年選為英國皇家學會院士；2013 年選為美國國家科學院外籍院士；2014 年獲費薩爾國王國際醫學獎；2016 年獲得中國首屆「未來科學大獎——生命科學獎」及「湯森路透引文桂冠獎」；2021 年獲頒「科學突破獎」（Breakthrough Prize）；2022 年獲頒美國「拉斯克獎——臨床醫學研究」；2023 年獲選為中國科學院院士；2025 年盧教授獲美國母嬰健康領域組織出生缺陷基金會（March of Dimes）授予「Richard B. Johnston, Jr. 醫學博士獎——發育生物學」，成為該獎項自 1996 年設立以來首位獲此殊榮的華人科學家。

盧煜明教授於 2025 年 1 月出任香港中文大學第九任校長。在香港土生土長，在中大工作將近 30 年的他，如何帶領這所先賢輩出的名校不畏風浪穩步前行，創新發展再創佳績？面對瞬息萬變的世界，又如何帶領年輕一代勇敢追夢、實踐理想？

問：

你出身醫學世家，是否從小立志學醫？

答：

我自小對生物學就十分感興趣，父親（盧懷海醫生）對我當然有一定的影響。小時候，他常常參加學術會議，有時會在我和弟弟面前預演，我也會幫忙製作簡報。因為我很喜歡攝影，所以也會幫爸爸拍攝，他曾告訴我：「a picture is worth a thousand words.」（一張圖片勝過千言萬語。）所以這也鼓勵我學習繪畫和攝影。早幾年有一幅我和一位畫家共同創作的作品被學術雜誌刊登在封面，充分證明了父親的話是對的，看完這幅畫的領會，比花幾個小時讀完整篇文章更深刻和立體！

我擁有的第一部相機是父親 1958 年剛從醫科畢業時買的錦囊牌（Canon 舊稱）Rangefinder 相機，性能很好。那時候，沖曬照片需要在黑房進行，這其實跟做實驗差不多，需要預先計劃、小心控

盧煜明教授曾獲多個國際獎項，包括「未來科學大獎—生命科學獎」（2016）、「科學突破獎—生命科學」（2021）及「希門尼斯—迪亞斯講座獎」（2024）。圖為盧教授於 2022 年獲頒「拉斯克獎—臨床醫學研究」。（陳君賜攝）

制溫度等等，我認為，科學與攝影一樣，都是一種藝術。所謂藝術，就是將一種虛無的概念轉化成實在的東西。記得中學時看過一本書 *Biology: A Functional Approach*，裏面有許多傑出科學家的照片，包括發現 DNA 結構的科學家詹姆斯．沃森（James Watson）和弗朗西斯．克里克（Francis Crick）在劍橋大學拍攝的照片，令我感受到劍橋大學在締造科學歷史上的關鍵角色。但我當時仍未決志選讀醫科。當年香港的大學入讀率低，為了讓自己有更多選擇，所以英美的大學我都有申請，甚至史丹福大學的工程學我都申請了。直到中七，因為受到劍橋歷史的吸引，我決定到劍橋大學讀醫。

問：

香港中學文憑試成績優異的學生大都選擇進入本港兩大醫學院，令醫學院的入學門檻很高，當年有沒有這個現象？你中學同學多數選讀什麼學科？

答：

那個時代 double E（電機工程）是多數人嚮往的學科，所以很具挑戰性，醫科更一直都是大學最多人選讀的學科之一。我中學時就讀的聖若瑟書院中六有三班，一班是文科，兩班是理科，包括數學和生物學。因為我覺得自己在數學上不是有太高天分，所以選擇了生物學，不少同學的志願也都是當醫生，那一年聖若瑟書院的成績不錯，有三位同學成功進入劍橋大學，兩位讀醫科，一位念工程。

劍橋大學醫學院以往只提供三年教育，直到 1976 年才多加三年。我 1983 年進入劍橋就讀，那時劍橋仍是一所很新的臨床醫學院，而牛津則是臨床教學歷史較久，當時成績較為優異的學生都選擇在牛津或倫敦繼續餘下三年的學習，變成了一種傳統。

持續提升大學實力 帶領母校更上層樓

問：

你在劍橋大學有什麼得着？面對來自全球優秀同儕的競爭，壓力大嗎？

答：

劍橋是一所很特別的大學，那幾年體會甚多。我入讀的是劍橋大學以馬內利學院（Emmanuel College），哈佛大學的捐贈者約翰·哈佛（John Harvard）也是以馬內利學院的學生。

當時，一位老師會指導兩三名學生上 supervision（香港的 tutorial 導修課），老師曾經問我一條問題，我依書直說，答案固然沒錯，但老師則質疑我，為什麼要這樣回答？他背後的意思是，我憑什麼認為書本提出的數據是正確的？這件事令我刻骨銘心，讓我學會時刻謹記探求實驗數據的來源。所以，現在我也會教導學生凡事都要懂得探源。

劍橋出過很多位諾貝爾獎得主，當時在飯堂、研討會中都不乏他們的身影，這種耳濡目染的氛圍是很重要的。但劍橋大學和牛津大學的氛圍十分不同，前者的壓力大很多，每個學期都有數次口試，後者的考試較少，合格率較高，因此我們有能力在課餘時間做研究。當年牛津大學後三年有 100 個名額，40 個劍橋，60 個牛津，老師上課問問題時，有些只讓牛津大學的學生回答，因為劍橋大學的學生可能已經讀過，反映這兩所大學在頭三年醫科課程的深淺程度的不同。

問：

促使你願意擔任中大校長的契機是什麼？

答：

20 多年來我在中大的主要工作是推進科研、提供教學及臨床服務，我認為如今是時候運用累積的經驗與知識，以另一種方式回饋中大，幫助年輕學者與學生發展學業和研究事業。因此，在中大需要新一任校長的此時，我願意承擔這個重責大任。

我很榮幸能擔任中大第九任校長，中大是一所研究型綜合大學，致力在研究領域達至世界領先的水平。目前，我們已有不少學科在亞洲乃至全球名列前茅，我希望在這些基礎上，進一步提升大學在研究與創新方面的實力，帶領中大更上一層樓。

盧煜明教授在校長就職典禮上致辭。

我會投放資源均衡發展科學與人文學科，使中大的學術成果在國際間發揮更大影響力。同時，帶領中大繼續堅守弘揚人文精神的使命，致力為國家及香港培養德才兼備的優秀人才。

問：

你如何在擔任校長崗位同時，平衡行政、教學與科研的工作？

答：

現在是講求研究和教學相輔相成的時代，身為中大校長，在時間分配上我會優先處理校長職務，減少科研工作的時間。過去 20 多年間，我已培養了多位能夠獨當一面的同事，而且我們的實驗室就在毗鄰中大的科學園，我仍能繼續與科研團隊緊密合作。

問：

InnoHK 平台為什麼能吸引到這麼多外國大學和香港的研究團隊合作，中大在研究方面發揮了什麼角色？除了研究之外，在產業化方面，你有何心得可令更多人受惠，同時創造更多商機？

在校長就職典禮上，中大校董會主席查逸超教授將香港中文大學條例專冊授予盧煜明教授。

答：

香港中文大學醫學方面的排名在世界名列前茅，不同的研究隊伍都有許多國際研究伙伴。以我們 InnoHK 團隊為例，其中一位國際伙伴是 Imperial College London（倫敦帝國理工學院）的 Professor Wayne Luk，他擅長電腦加速相關的項目，讓一些運算可以加速數十倍。

以前許多科學家完成研究、發表文章之後便作罷，如果要將那個技術轉化成為一個產業，就必須申請專利。但許多科學家在讀書時期都沒有人教授如何申請專利，幸好過去 20 多年我發展無創診斷技術，已累積了相當經驗將研究產業化。

專利是透過文字去設定一個範圍給自己，好比我擁有一項技術，現在我將我的秘密告訴你，但你要讓我擁有某些權利 20 年，之後才變成公有財產。從某個角度看，就像傳統的家傳秘方如果外人不知道，很容易便慢慢散失，如果用專利的方法保障擁有者持有一段時間，之後再公諸於世，相信對人類進步也會有很大裨益。所以專利權其實是一個公平的交易或合同。所以我建議希望投身創新科技的年輕人，不妨及早學習如何申請專利。

「目前在香港進行創科，資源是有史以來的多，再加上大灣區，機會千載難逢，我認為香港應該多做具遠見和野心的計劃。」

站在巨人肩膀 助力科研落地

問：

創科是大勢所趨，許多公司都做得很成功，醫學界的創科氣氛濃厚嗎？對希望選擇創科作為終身職業的年輕人有什麼忠告？

答：

我回到香港已經 28 年，可以說現時香港的創科氣氛是前所未有的高。我身邊就有幾位同事做得相當不錯，例如莫樹錦教授，幾年前我們和他合作利用血漿技術研發標靶藥的伴隨診斷，他之後便開設了一家公司，該公司早前亦和另一家公司合併，做得有聲有色。也有中大同事開設了一間手術機械人公司。我想有一批成功的例子出來之後，大家會更有勇氣去創業。

我認為 20 世紀是一個物理學世紀，而 21 世紀是一個生物學世紀。如果年輕人想做這方面研究，相信是人類歷史上的黃金歲月，他們擁有的工具和知識比任何一個時期都多，以前想研究 DNA，但沒有人類基因圖譜，等於行船沒有地圖，現在除了地圖還有 GPS。香港現有香港基因組中心，預計會有五萬名市民的基因圖譜在那裏，具有很大的研究價值。

目前在香港進行創科，資源是有史以來的多，氣氛也濃厚，再

中大在第 50 屆「日內瓦國際發明展」榮獲 34 個獎項，創中大參展以來最佳成績，當中包括七面評判嘉許金牌、八面金牌、11 面銀牌，以及七面銅牌。今屆的傑出成就彰顯中大在全球研究和創新領域的領導地位。

加上大灣區，機會千載難逢，我認為香港應該多做具遠見和野心的計劃。目前 InnoHK 研究經費可高達數以億元，提供了前所未有的支持，可以放膽進行更重要、更具挑戰性的研究。作為科學家，我們理當盡自己所能，希望國內外的科學家可以在前人的研究基礎上再下一城，stand on the shoulder of giants（站在巨人的肩膀上），一代一代建設下去。

問：

你身為醫生、科學家及企業家，這些身份對你的領導風格及未來中大的發展計劃有何影響？

中大崇基學院早前舉辦崇基春日「家」年華及《未圓湖畔音樂會》，吸引逾 2000 師生及校友參加，現場氣氛熱烈，精彩紛呈。中大校董會主席查逸超教授、校董會副主席及崇基學院校董會主席陳德霖博士、校長盧煜明教授，以及崇基學院院長關美寶教授一起參觀手作精品市集，支持「崇基人」的創意。

答：

當前國家積極推動香港成為國際創新科技中心，我相信自己在科學與創業方面的背景與經驗，能為中大這方面的發展作出貢獻。在擔任中大專利委員會主席期間，我了解到大學不同科研成果轉化落地的過程，我期望在校長的新崗位上，能進一步檢視這些過程中面臨的瓶頸，並尋求改善方法，促進中大知識轉化，為社會帶來實質影響。

對於外界可能擔心我身為醫生科學家的背景，可能將中大資源傾向科研與創新方面的疑慮，事實上我在擔任中大副院長（研究）的 20 年間，從未因自己是病理學學者，而將資源向有關領域傾斜。公平、公正一直是我堅守的信念，我在新崗位上亦不會改變。

中大作為一所人文與科學兼備的綜合大學，兩者的發展對我而言都同樣重要。

問：

近年大學排名層出不窮，你認為這些排名的意義何在？你會否致力提升中大的排名？

答：

每個大學排名制度都有特定的機制與規則，並在某種程度上有所側重。我們可以將大學排名視為有參考價值的指標：若排名優異，自然值得高興，並能起到宣傳效應，吸引更多優秀學生和教職員到來，甚至有助吸引資助機構和贊助者；如果排名顯示大學存在不足之處，我們亦可借機思考改進之道。但必須注意，大學排名僅是衡量大學表現的一種方式，並非唯一標準。

推動跨學科合作 積極應對全球挑戰

問：

請問你對中大下一個五年發展計劃有何規劃？

答：

我們正積極籌組不同領域的工作小組，擬訂下一個「五年計劃」，作為大學 2026 至 2030 年的發展藍圖。工作小組將包括探討以下範疇：

傑出學生獎嘉許典禮 2024 不僅表揚中大學生的非學術表現及對社區的貢獻，也充分體現了中大致力培育學生的全人發展價值，包括發展學生的卓越表現、領導才能及服務社區的核心價值。

1. 提升學生體驗：中大是全港唯一設有書院制的高等院校，我們計劃進一步擴大書院制度，例如探討設立研究生專屬書院的可行性；
2. 推動研究及創新：期望營造人文與科學並重的研究環境，推動跨學科研究，將研究成果轉化落地，鞏固本港成為國際創科中心；
3. 建設人才樞紐：「以人為本」是世界級大學成功之道。在全球「搶人才」的激烈競爭下，我們採取策略性行動吸納人才，例如設立「教授及訪問教授席」及「校長特聘新晉教授席」，以產生更大的教研效益；
4. 促進校友和社區參與：中大的校友網絡遍及全球，有近 30 萬名校友，大學會在創業、藝術、體育等方面與校友加強合作；亦以優秀的研究成果服務社會，連繫社區；

5. 加強國際化：善用全球網絡，積極從不同地區，吸引更多人才。

發揮學院制優勢 吸引全球化人才

問：

你認為香港是否有條件發展為國際專上教育樞紐？中大可以擔當什麼角色？

答：

香港專上教育高度國際化和多元化，是唯一擁有五所世界百強大學的城市，加上政府政策及完善基礎設施支持，具備發展成為國際專上教育樞紐的基礎。2024 年《施政報告》中推出一系列培育人才及吸引國際學生的新政策，包括在全球推廣「留學香港」品牌，有助院校加強培育更多優秀本地人才，並吸引更多來自世界各地的學生到港學習，進一步提升香港在全球高等教育界的競爭力和影響力。

中大作為綜合研究型大學，更是香港乃至亞洲名列前茅的大學，會積極配合政府政策，助力香港發展為國際專上教育樞紐。首先在提升國際學生比例方面，由於政府已擴大非本地學生限額至 40%，此舉有助吸引更多內地及海外，尤其是「一帶一路」國家的學生來港升學。中大於 2024/25 學年取錄約 800 名非本地生，達到限額的 25%。同時，亦積極出訪不同國家和地區，例如印度、日本、蒙古、阿聯酋等，參與教育展和到訪當地中學招生，以吸引具有多元文化背景和優秀學術水平的學生。中大會繼續積極提高非本地收生比例，促進學生交流及多元文化體驗，相信這些學生豐富多元的學歷背景，將能協力打造香港成為理想的留學城市。

「當前國家積極推動香港成為國際創新科技中心，我相信自己在科學與創業方面的背景與經驗，能為中大這方面的發展作出貢獻。」

其次，中大也將致力推動跨學科合作，以應對全球挑戰。譬如鼓勵師生透過跨學科合作，探索不同領域以應對全球挑戰，培養具有全球視野和創新能力的人才。中大於 2025 年 2 月成立致真交叉

中大校長盧煜明教授歡迎約 440 位來自 31 個國家及地區的交換生，鼓勵學生參與全球文化交流、多元文化學習，並促進國際社會的共融，同時建立跨越國界的友誼。

數學科學院，便是希望專注於培養數學科學領域的領軍人才，致力作出原創性貢獻，並引領人工智能（AI）、計算機科學、大數據處理和機械學習等跨學科數學科學應用的突破。

同時，推出雙主修課程培養人才，例如與香港中文大學（深圳）合辦跨學科數據分析及航天科學與地球信息學雙主修課程。中大其中一個優勢，便在於它是一所重視人文和科學的綜合研究型大學，例如「中大城鄉復育」跨學科研究團隊就以建築為切入點，結合生命科學、人類學，以及地理與資源管理學等多個學科進行深入探討，專注城鄉復育的研究，項目涵蓋沙頭角和南大嶼地區，包括梅子林復育計劃、遊谷探埔、重塑榕樹凹、嶼南風土、重塑水口及重塑爛頭營等。

另一方面，中大是全港唯一設有書院制的高等院校，九家書院提供各式各樣的海外交流及外訪計劃、研討會、師友計劃、社區服務及訓練課程，培養學生的全人發展，讓他們充分發揮個人潛力。因此，將持續發揮獨特書院制優勢，推動全人教育，書院制及通識教育培養學生慎思明辨的能力和文化意識，兼融中國人文理想和西方博雅教育，均衡而全面地向學生傳授知識，從而達至全人教育，培養德才兼備的人才，是中文學士課程重要的一環。書院制不僅加強了學生間的聯繫，也鞏固了校友與大學的關係。這些校友將成為中大的全球大使，向世界各地分享他們的中大經歷，進一步提升中大的國際聲譽。

在豐富實習與交流計劃、拓展學生視野方面，中大海外交流計劃每年提供 6,000 多個外出交流機會，與超過 270 所、來自超過 35 個國家或地區的院校合作。學生可以體驗各地文化，磨練語言技巧，擴闊視野，增強自信。中大並積極為學生提供跨文化學習環境，拓展全球視野，例如推出「寰宇實習計劃」及「STEM 實習計劃」等，讓他們累積工作經驗，為未來職業生涯奠定基礎。

「香港是中國最國際化的城市，國際化不僅是提升學術水平和研究能力的重要途徑，更是吸引全球人才、促進文化交流的重要平台。」

問：

在世界地緣政治緊張局勢下，中大在聘請國際師資方面是否順利？

答：

中大積極應對環球局勢變化，憑藉學術聲譽、教研實力，以及對多元文化的包容，對國際教研人員具有一定吸引力。香港是中國最國際化的城市，大學在推動國際化方面肩負不可或缺的責任。國際化不僅是提升學術水平和研究能力的重要途徑，更是吸引全球人才、促進文化交流的重要平台。

目前，中大是多個學術聯盟的骨幹成員，為我們提供了廣泛的學術合作網絡與資源，即使在地緣政治緊張局勢下，仍能開拓更多元及國際化的合作，確保學術交流的靈活性。例如，中大在 2025 年 5 月舉行世界大學聯盟年會（Worldwide Universities Network），有約 80 位來自全球六大洲 24 所研究型大學的聯盟領導層及代表，以及東協大學聯盟（ASEAN University Network）成員雲集中大，出席校長論壇並討論應對全球大學領導面對的挑戰。這不僅彰顯了中大的國際地位，也為我們與全球頂尖學府合作提供了重要平台。

中大亦榮獲 2026 年亞太國際教育協會年會暨展覽的主辦權，有關年會為國際教育三大會議之一，預計吸引來自全球各地大學和相關組織約 2,500 名代表參與，當中不少為國際教育及學生交流領域的專業人員，進一步鞏固中大在國際教育領域的影響力。

中大亦有不同計劃吸納國際人才，例如在全球招聘多元學科優秀年輕學者的「校長特聘新晉教授席」，而「教授及訪問教授席」亦可吸引國際知名學者，我們將以目標招聘為主要策略，羅致全球知名的學者。

採訪：文灼非
撰文：劉思鉻、何瑞莉、張宏艷
圖片：香港中文大學提供

善用香港高等教育優勢
建設國際教育創科樞紐

 ——專訪香港中文大學前校長段崇智教授

段崇智教授

皇仁書院畢業後負笈美國，美國伯里亞學院化學學士，紐約洛克菲勒大學生命科學博士，哈佛醫學院博士後研究。曾任費城托馬斯傑佛遜大學骨科研究總監、骨科手術系教授及副系主任、生物化學暨分子生物學系教授；托馬斯傑佛遜大學醫學博士及哲學博士課程學術總監；匹茲堡大學醫學院骨科手術傑出教授、細胞及分子工程中心首任總監、Arthur J. Rooney,Sr. 運動醫學講座教授、骨科手術系常務副系主任、生物工程學系及機械工程及材料科學系教授。

2016 年擔任中大傑出訪問教授及組織工程學及再生醫學研究所首任所長，2018 年 1 月就任中大校長。2017 年至 2019 年獲選為美國國家發明家學會會士、中國發明協會首屆會士及美國解剖學家協會會士；2021 年獲選為美國骨科研究學會會士及國際組織工程與再生醫學學會會士。

段教授為國際知名生物醫學科學家，專注肌肉骨骼生物學及組織再生研究，成果涵蓋基本科學、工程學、轉化及臨床應用。研究成果包括細胞和發育生物學、幹細胞、生物材料、組織工程、再生醫學、3D 列印及組織晶片技術，迄今發表逾 550 項研究著作，曾榮獲多項國際獎項。

段崇智校長，香港生物醫學家，主要研究領域為人體肌肉骨骼系統。2018 年 1 月 1 日接替沈祖堯教授出任香港中文大學第八任校長，2025 年 1 月卸任。多年來，他如何帶領中大在創科及醫學方面不斷突破？如何令中大的國際排名不斷上升？中大未來又有什麼新的發展計劃？

問：

你在美國的教研事業很成功，為什麼 2018 年有興趣回到你成長的香港接受新挑戰？

答：

少年時，母親對我說：「以後學有所成，記得回來貢獻香港。」這是 50 多年前，我在機場向家人道別時，她對我的叮嚀。這番期望深深地印在心中，無時或忘。

我是一個「香港仔」，父母以難民身份來到香港，我是父親眾多安徽同鄉之中，第一個在香港出生的子侄。當年去海外留學不容易，我幸運地獲得一個往外國進修的機會。臨行之際，全家人一同到當時在九龍城的啟德機場送行。那時家中經濟並不寬裕，只為我買了一張單程機票，那是我人生中第一次坐飛機。

此時一別，不知何日重逢。臨入閘時，一直滿面笑容的母親，終於忍不住眼中的淚水，語重心長地說出了上面的一番話。

當時母親的叮囑，引領我 40 多年後回來服務香港。送別的場面仍然不時在腦海出現——她的期望不僅是對我的愛與關懷，更不斷激勵我，讓我明白無論走到哪裏，心中都要懷着對香港的熱愛和對社會的責任。

結合傳統與現代 融會中國與西方

問：

你認識的香港中文大學是一間怎樣的學府？是什麼因素吸引你擔任校長？

答：

香港中文大學是我童年時非常憧憬的地方，後來加入中大，其使命「結合傳統與現代，融會中國與西方」不但是中大的特色，也正好反映了香港獨特的歷史和文化。

很多海外大學的校長，走遍了不同國家互相交流研究，與我有相近的體會——香港成功之處，在於這是一個國際大都會，教育體系融合了中西方的優勢，形成了獨特的文化氛圍。這種文化的多樣性和包容性，推動香港海納百川，吸納全球優秀人才，學術研究蓬勃發展。香港高等教育界的成就更傲視全球，只有 700 多萬人的城市，卻有五所大學位列世界百強，按人口比例計算，數量居全球之冠。這不但是各院校致力學術研究的驕人成果，也是在香港這個獨特的環境逐步發展而成。

段校長認為，香港文化的多樣性和包容性，推動香港得以吸納全球優秀人才，學術研究蓬勃發展。

「高錕教授的高瞻遠矚，一早為未來的創新奠下基礎。」

問：

你上任後怎樣提升中大的教研水平，在國際排名不斷進步？

答：

我認為，大學的角色可以歸納為三方面：教育工作、學術研究和社會服務。三方面看似簡單，若能三招齊發，相互補充，不但可以推動大學發展，也對香港整體社會有所裨益。

但如何善用香港特色，再進一步？我的建議是，香港應該把握目前的成就和機遇，高等教育界可以在目前的基礎之上，做好國際橋樑的角色，確保香港在全球競爭中的優勢，如此可望帶動香港再創新高。

2023 年 12 月，中大舉辦鑽禧校慶活動大學校長論壇，來自 18 個國家和地區的 32 位大學校長，共 120 多位學術領袖和主管人員出席這項全球高教界盛事。

以中大為例，我們在疫情之後，展開 60 周年校慶活動。在此期間，舉辦了超過 120 項慶祝活動，其中 20 項為國際會議，吸引了 500 多位來自 100 多間院校的學術界領袖參加，創下歷史新高。這不但是一家大學的成績，也反映了全球學術界對香港的支持。

科技變化一日千里，在學術研究的領域，更必須比旁人走快幾十年，才能預示未來的創新、未來的科技。中大前校長兼諾貝爾物理學獎得獎者高錕教授，在 1966 年做出劃時代的光纖實驗，但當時的社會仍未十分了解什麼是光纖。直到幾十年後，光纖普遍為全球使用，家家戶戶用電腦上網，社會各界才明白高錕教授的高瞻遠矚，一早為未來的創新奠下基礎。

香港高校實力強 具「三高」優勢

同樣地，2009年高錕教授獲得諾貝爾獎時，社會上仍未有很多人明白什麼是人工智能（Artificial Intelligence）。然而，現今AI已經成為常態，並在各個領域發揮重要作用。

那麼，什麼是未來領跑的科技？在這個充滿挑戰的時代，我認為，香港高等教育界應該充分發揮——高國際排名、高素質人才、高度國際化此「三高」優勢，共同持續推動創新科技的發展，在不同科技領域百花齊放，探索未來方向。我相信，本地高等院校絕對可以成為大灣區的科研引擎，發揮科研實力，配合政府的創科發展藍圖，把握北部都會區和河套深港科技創新合作區的機遇。

比如，中大積極建議成立的未來工作研究所，將成為一個先鋒中心，提供最先進的太空研究設施和太空科學培訓，與各地組織和

2024年9月初，段崇智校長（右七）率領的中大訪問團與北京市科學技術委員會、中關村科技園區管理委員會代表會面。

企業合作發展，以解決氣候和人口變化等新挑戰。此外，中大也提倡在北都成立農業食品認證及教育中心，強化農業和食品安全的標準，配合國家的發展戰略；香港高效能運算中心將進一步善用我們在機械自動化、計算機科學、大數據和人工智能等領域之優勢，推動本港擔當與內地及全球聯通的重要橋樑，促進研究協作。

在為港、為國儲才方面，中大亦持續透過不同計劃招攬國際人才到港參與教研工作，包括聘請出色的年輕學者及博士後研究員，以及支持政府的傑出創科學人計劃，積極引入享有國際學術成就的頂尖學者，相信在招收學生和招攬優秀學者兩方面雙管齊下，定能豐富香港的人力資源。

大灣區科研實力 中大居首

問：

中大在香港眾多的大學中，最突出的優勢是什麼？

答：

2024 年 6 月，香港中文大學委託國際權威科學出版和數據分析公司愛思唯爾（Elsevier）就粵港澳大灣區的科研實力（包括區內所有大學、政府研究機構和企業研究機構）進行研究。結果顯示，香港在大灣區的研究增長中發揮重要作用：香港約佔大灣區總研究產出的 28%，活躍研究人員則佔 16%，共計 66,900 人。中大在這方面的表現尤為突出，其研究成果在各類影響力指標中，居大灣區之首。

2022 年 11 月，中大舉行第 91 屆大會（頒授學位典禮），段崇智教授致辭。

香港的高等教育院校在國際合作方面處於領先地位，以中大為例，我們擁有 460 多家國際合作夥伴，遍佈全球逾 40 個國家及地區，各大院校亦積極參與國際夥伴的合作網絡。若能持續推動跨地域及跨學科的聯合研究，並舉辦更多國際學術會議，將有助於鞏固香港作為國際創科中心的地位。

中大希望能持續作為能夠促進創新和技術轉移的橋樑，因為當我們將不同地區的科研成果和技術應用於實際問題時，才能產生更大的社會和經濟效益。例如，中大在大灣區的科研合作，不僅能提升本地的科研實力，還促進了整個區域的科技創新和經濟發展。總的來說，橋樑的作用是多方面的，它不僅連接了不同地區，還促進了雙方的深入交流與合作，推動了創新和技術的轉移，為社會和經濟的發展做出了重要貢獻。

問：

在你的第一個任期內，中大在創科方面有不少突破，有什麼機遇與挑戰？

答：

最近，國家主席習近平提出新質生產力戰略概念，為國家科技創新和產業重塑提供了重要指引。在這個關鍵時刻，香港面臨着經濟轉型的挑戰，推動創新科技和提升產業競爭力的關鍵在於高技術、高效能和高質量，這些生產力的根基，在於優秀的研究產出。有了高質量的研究成果，方能帶動其後的知識轉移，用於社會。

「香港院校在大灣區分校發展日趨成熟，推動香港成為國際專上教育重鎮。」

根據愛思唯爾就大灣區的科研實力所作的調查結果，中大研究佔大灣區總研究產出量 5.4%，優秀研究（即在數據庫裏全球前 1% 最高影響力期刊上發表的論文）則佔 7.4%。我們熱切投入促進新質生產力，希望將研究成果轉化落地，把創新傳輸到全世界。2023 年，中大在京、滬、深設立六個新的產學研基地，這些設施均突顯本港大學的科研實力，可推動香港成為國際創科中心，鞏固國家作為全球創科重地的地位。

中大早在 1997 年就成為首家招收內地本科生的本港綜合性研究型大學，同年成立駐北京聯絡處，積極融入國家發展大局，亦是本港首家進入廣東省進行產、學、研協作的院校。2014 年，中大經由國家教育部批准，參照《中外合作辦學條例》，正式於深圳成立香港中文大學（深圳），秉承中大的優良辦學傳統和學術體系，致力發展成為扎根深圳、立足中國、面向世界的一流研究型大學，為國家培養具有國際視野、專業知識、高尚品格及對社會有承擔的人才。

在「一個品牌，兩個校園」的合作框架下，中大（深圳）創校

2018 年中大舉行亞運獎牌運動員祝捷會，段崇智校長與運動員合照。

短短十年逐步成長，在 2020 年至 2024 年間，連續五年獲國際排行機構上海軟科評選為全國最佳中國合作辦學大學，是大灣區高等教育協作、培養創新人才的成功典範。香港院校在大灣區分校發展日趨成熟，使得香港與內地在人才培養、科研創新等方面產生良好的協同效應，進一步提升吸納和培養高端人才的綜合實力，推動香港成為國際專上教育重鎮。

在政府首屆「產學研 1+」計劃中，七個由中大團隊領導的項目獲得資助，數量為全港院校最多，涵蓋先進工程、生物醫學以至生物技術等多個創新領域，反映中大的轉化研究實力。此外，中大成立了六所 InnoHK 研究中心，將大學的國際級研究成果轉化為社會所用，又與國家級科研機構共建聯合實驗室及研究所，並參與國家重點科研項目，創造富有影響力的研究成果。中國在航空領域取得了長足發展，中大也一直積極參與相關科研，包括首個香港農業科學實驗項目於太空進行實驗、與國家航天局計劃自主研製並發射首顆中大衛星。

融會中國與西方 中大做橋樑

問：

慶祝過 60 周年，中大未來會有什麼新的發展計劃？

答：

香港若希望未來繼續保持教育領域上的優勢，必須培養可以應對未來挑戰的人才，他們必須面對世界，植根中國與香港，更要掌握創新科技的發展。因此，中大將竭力履行「融會中國與西方」的創校使命，營造國際化氛圍、中英並重的教學環境。

我認為，中大非常適合擔任融會中國與西方的橋樑角色，但橋樑雕琢得再漂亮也沒有用，橋樑兩邊的土壤可能不一樣，最重要的是，如何加強兩邊優秀的人才、研究的合作與交流。尤其當前全球面臨地緣政治的變化，香港更應該發揮橋樑角色，為鞏固國際網絡打好根基。

中大於疫情之後，在內地建設了六個產學研基地，並於 2024 年訪問了京、滬十個合作夥伴，推動多項合作計劃。我們在大灣區、長三角等地建立了良好網絡，並已經積極發展雲南、山東等地的合作，要做到既深且廣。

在國際上，也積極與各國學術領袖共同商討，舉辦校長論壇，讓最新的意念碰撞交流。我很榮幸，2023 年當選環太平洋大學聯盟（APRU）主席，該聯盟是連接亞洲、北美洲、南美洲和大洋洲 19 個經濟體，由 61 所頂尖大學組成的合作網絡。我們正好在這些國際學術界的平台，提出新的研究計劃，促進合作。

香港中文大學在這方面已經取得了不少成就，成為國際教育和

香港政府創新科技署 2024 年 5 月公佈首屆「產學研 1+」計劃申請結果，中大研究團隊領導的七個項目獲得資助，在本地院校中數量最多。

科研的橋樑，促進了中外的交流與合作。但橋樑的作用不僅在連接兩地，更在促進雙方的深入交流。這種交流不僅限於學術和科研，還包括文化和社會層面的互動。通過這種多層次的交流，希望可以更好地理解和借鑑彼此的優勢，從而實現共同發展。

成全球教育樞紐 具獨特優勢

問：

香港是否有條件發展為國際專上教育樞紐？中大可以擔當什麼角色？

答：

香港高等教育界擁有：高國際排名、高素質人才、高度國際化這「三高」優勢，我認為，我們應善用這些優勢，承擔起推動教育強國、科技強國的時代責任，助力香港發展成為國際教育及創科樞紐，向高質量發展邁進。

儘管本港面積不大，卻有五所大學位列世界百強，按人口比例計算，數量居全球之冠。香港在全球學術界享有極高的聲譽，教研水準和國際化程度表現卓越，這是香港向世界展示獨特優勢的有力證據。

> 「中大正積極透過各項策略性招聘計劃在全球搶人才，令香港與大灣區研究增加了更深厚的實力。」

高等教育是人才聚集之地，為香港的經濟發展和轉型提供了必要的人力資源。香港的研究水平亦位於世界前列，正反映了我們的人才素質。根據 2025 年最佳留學城市排名，香港在亞洲名列前

2023 年 6 月，段崇智校長（中）出席中大與泰晤士高等教育（THE）合辦 THE 亞洲大學高峰會，主題為「2050 年的亞洲大學」(The Asian University in 2050)，是中大 60 周年其中一項重點慶祝活動。

茅，全球排行第 22 位，尤其在大學排名指標中表現最好，位於全球第十位。這使香港吸引了來自全球的留學生，同時也為內地學生提供了理想的學習環境，顯示了香港高等教育的國際連結。

從 2024 至 2025 學年開始，政府將專上院校非本地學生的比例限額提升至 40%，這將有助於吸引更多外地學生來港，進一步推動香港成為國際專上教育樞紐。中大對這項措施表示支持，並將積極配合。目前，中大 56% 的教員來自海外，國際學生佔全體學生約 37%，過去五年，中大每年招收約 600 名來自 30 個不同國家的非本地本科生，並積極吸引「一帶一路」國家的優秀學生，這不僅有助提升本地學生的國際視野，還能促進多元文化的交流。

同時，國際化是香港的核心優勢，在金融、科技、法律和貿易等領域均具有國際中心的定位。香港至今在教育及創科方面成就不少，香港教育界若能在現有的「三高」基礎之上，做好大學的角色，絕對有助香港成為全球教育樞紐，更是全球創新科技樞紐。目前，我們距離這兩個目標只是咫尺之遙。

問：

在世界地緣政治的緊張局勢下，中大在聘請國際師資方面是否順利？

答：

中大正積極透過各項策略性招聘計劃在全球搶人才。目前的項目包括傑出創科學人及新晉教授席，共羅致了來自 13 個不同國家或地區、超過 80 位國際頂尖學者及有潛質的年輕學者加入，為我們增加不少學術研究人才，令香港與大灣區研究增加了更深厚的

2024 年 9 月，段崇智校長歡迎來自世界各地的交換生。

實力。

然而，隨着全球局勢的不斷變化，香港的國際化程度也受到地緣政治的挑戰。香港需要在保持國際地位的同時，靈活應對外部挑戰，以維護其在全球創新生態系統中的重要角色。

香港高等教育擁有高影響力的學術及研究成就、高水平的國際地位和高質量的人才，若能充分發揮「三高」優勢，香港很有條件成為全球教育及創科樞紐，更緊密地對接國家戰略需求，推動教育強國建設、實現國家科技自立自強，為香港和國家創造更大價值，實現新的飛躍。

採訪：文灼非
撰文：張宏艷、何瑞莉
圖片：香港中文大學提供

堅持「一流帶一流」理念 廣納全球頂尖人才

——專訪香港科技大學葉玉如校長

葉玉如教授

美國哈佛大學藥理學博士，紐約 Regeneron 醫藥公司高級科學家。中國科學院、美國國家科學院、美國人文與科學院、世界科學院、香港科學院院士。1993 年起受聘於香港科技大學，歷任副校長（研究及發展）、理學院院長及生物化學系主任，2022 年 10 月起出任科大校長，是香港公立高校歷史上首位女性校長。

葉教授是國際知名神經科學家，主要研究領域包括神經系統機制，以及神經退行性疾病的藥物研發。研究成果備受科學界推崇，在頂尖國際學術期刊發表了 330 多篇論文和綜述，文獻被引用逾 51,200 次，並擁有 70 多項國際科技發明專利權。曾獲國家自然科學獎、歐萊雅聯合國教科文組織「世界傑出女科學家成就獎」、《自然》科學雜誌「中國科學之星」、法國國家榮譽騎士勳章，並先後獲特區政府頒授榮譽勳章、銅紫荊星章及銀紫荊星章。

葉玉如校長是國際知名神經科學家，更是香港公立高校歷史上首位女性校長，她如何突破界限，帶領香港科技大學這所相對年輕的大學，從教研革新到全球佈局，在世界舞台持續發光發亮，創造不間斷的精彩高峰？

問：

根據 2024 年泰晤士高等教育世界大學排名統計，全球最佳 200 間高等院校中有 51 位女校長，但在亞洲大學女校長的比例仍然偏低，葉校長是香港唯一的大學女校長，展望未來，女性領袖對於高等教育及創科是否別具推動意義？

答：

如今性別平等已成為文明社會的共同價值觀，愈來愈多熱愛教育和科研的女性展現出她們的才華與熱情，成為了各領域的領袖。

科大正是這一變革的縮影：從本科生、博士生到教職團隊，女性比例皆顯著提升，更孕育了無數卓越的女科學家與學者——她們不僅率領國家級科研項目，更屢獲國際頂尖殊榮，以實力證明女性的無限潛能。

身為一位女性科學家，同時也是大學校長，我深切體會到：女性在高等教育與創科發展中，不僅能注入多元視角與創新思維，更

科人校長葉玉如教授是香港公立高校歷史上首位女性校長。

能推動科研突破與教育變革。我希望以自身經歷激勵更多女性勇敢追夢，啟發並吸引更多出色女性投身研究或創業，共同為人類進步貢獻力量。

「一流帶一流」凡事皆可為

問：

你是科大元老之一，出任校長後有什麼願景，帶領這所年輕大學更上一層樓？

答：

30 多年前，我加入剛剛成立兩年的科大。那時，大家都懷抱一個夢想：打造一所敢於挑戰、敢於創新的世界級學府。如今，科大已從當年的幼苗茁壯成林，而「凡事皆可為」的精神，早已深植於這所大學的基因之中。

出任校長後，我常常思考：科大的下一章該如何書寫？我們不僅要傳承歷代前人的心血，更要為未來開拓新路。於是，「科大3.0」的藍圖應運而生——我們從教研革新到全球佈局均須突破界限，讓這所年輕的大學在世界舞台發光發亮。

> 「我希望以自身經歷激勵更多女性勇敢追夢，啟發並吸引更多出色女性投身研究或創業，共同為人類進步貢獻力量。」

人才一直是科大成功的最核心因素。我上任後和同事一起商討、制定了多項人才政策，堅持「一流帶一流」理念，從全球範圍廣納頂尖人才，並為他們營造一流的學術環境，以充分發揮每一位科大成員的潛能，實現自我成長。自 2022 年以來，科大成功延攬逾百位國際頂尖學者加盟，構建了多元化的全球人才網絡。同時，加強大學在科研領域的引領作用，通過突破性發現為重大的全球性問題提供解決方案。

我一直認為，大學做的事情一定要有前瞻性，我們所開展的科研、所培養的人才，應該是去應對未來的挑戰，而且不應該局限在香港，可以通過科研和創新為重大的全球性問題提供解決方案。科大對此有針對性的佈局，我們近期制定了探索性強的六大前沿領域研究，包括生物及轉化醫學，材料科學及未來能源，人工智能與未來電腦及電子，環境科學與可持續及綠色科技，藝術科技、人文及社會科學，以及創新工商管理，希望可以匯聚一流的學術研究團

過去兩年，近百名學者加入科大，致力推動大學不同範疇的策略發展。

隊，創造更多突破性成果，為氣候變化、人口老齡化、工業 4.0 等全球性重大問題提供解決方案。

我們近年還將跨學科課程事務處升級為跨學科學院，不僅支持跨學科合作推動科研突破，同時也希望推動跨學科教育、培養跨學科人才。為確保研究設施維持最先進水平，我們落實了多項重要的基礎建設計劃，尤以新落成的人工智能運算中心最為矚目，這座擁有強大運算效能的先進設施，是亞洲高等學府中最優秀的設施之一。

面向未來，科大將繼續發揮「背靠祖國、聯通世界」的優勢，在未來生活、未來工作、社會福祉三大領域深耕，為人類發展貢獻科大智慧。在科大，我們始終相信：創新無界，未來可期。這所年輕大學的故事，才剛寫到最精彩的章節。

問：

2022 年 6 月，國家主席習近平參觀香港旗艦項目 InnoHK 創新香港研發平台下的香港神經退行性疾病中心；2023 年 4 月，國務院港澳辦主任夏寶龍重點參觀香港科技大學，科大目前的科研水平在廣度及深度與國際相比如何？

答：

科大學術成就受到國際高度認可，香港教資會公佈的 2020 年研究評審工作（Research Assessment Exercise）中，科大有超過八成的研究獲國際專家評為「國際卓越」或「世界領先」水準，屬本地院校之冠。另外，有 13 個科目躋身 2025 年 QS 世界大學學科排名全球 50 強，其中，數據科學及人工智能學科全球排名第 17 位，蟬聯本地大學之冠。

此外，我們的教研人員亦屢創佳績，電子及計算機工程學系講座教授劉紀美榮膺美國國家工程院院士；土木及環境工程學系系主任張利民教授更成為香港首位榮獲國家卓越工程師獎的學者，展現跨領域影響力；蒙民偉博士納米科學教授戴希團隊更以突破性研究獲頒國家自然科學獎一等獎，成為香港第三位獲此殊榮的科學家。此外，科大 16 位學者獲國家自然科學基金破紀錄資助，168 位教研人員入選史丹福大學 2024 年全球前 2% 頂尖科學家榜單，印證科大學術在國際上的競爭力。

這些亮麗的成績，證明科大「一流帶一流」的理念奏效。近年，科大更有幸獲邀參與國際級的科研任務，例如聯合國「海洋十年」大科學計劃。2024 年，科大更獲國家委任領軍兩項國家級的重點太空項目：通過國家航天局遴選，獲委任領導「嫦娥八

科大於 2024 年邀得四位諾貝爾獎得主專誠來港出席分子前沿研討會，與學者和學生進行學術和經驗交流。

號」國際合作項目，製作一個具備可移動充電站、多功能月面作業機械人；獲政府創新科技署斥資，打造全港首個聚焦太空科技的 InnoHK 研究中心。同時亦獲委託領軍研製全球首款，輕小型高分辨率高精度二氧化碳（CO_2），和甲烷（CH_4）點源協同探測儀載荷，完成後將會是首項香港載荷登上中國天宮太空站，助力應對氣候變化。這些項目都標誌着科大的科研水平備受肯定。

產學研一體 創科產業化

問：

科大在教企合作方面有何寶貴經驗？已成功轉化成商業項目的個案有多少？

科大一共有五個研究項目獲創新科技署首批「產學研 1+」計劃（RAISe+）撥款資助，涵蓋基因治療、腫瘤成像、污水處理、感測晶片與智能機械人等領域。

答：

科大為香港最早推動創業及創業教育的大學，早於 1999 年便成立科大創業中心，舉辦各種活動，並透過成立不同的創業基金，建立起了一套完整的「資金 + 平台 + 生態」產學研體系，為科研成果轉化提供全方位支持。

通過我們的卓越科研，科大成功建立和擁有龐大、多元化的知識產權組合。我們擁有超過 2,000 多項有效的專利。科大在《自然》期刊學術機構專利影響力指標排名全中國第一，全球排名第 33 位。截至 2024 年初，科大近三分之一的專利獲授權予第三方應用，此授權比例媲美全球頂尖研究機構。

2011 年至今，科大創業中心成功打造百萬獎金創業大賽，為超過 9,000 個初創企業提供實踐平台，加上科大設知識轉移辦公室，積極協助科大成員把創新發明轉化為解決社會問題的嶄新方案，凡此種種，令科大持續為香港注入動能推動創新發展。截至

2024 年，由科大成員開設的活躍初創企業已超過 1,800 家，當中包括十家估值超過十億美元的獨角獸企業及 17 家成功上市或被收購的公司，例如全球無人機領軍企業大疆創新（DJI）憑藉科大研發的飛控系統技術成為行業標準制定者。科大亦致力孵化深科技（DeepTech）獨角獸，能力排名全國第二，成績斐然。這些標杆案例生動詮釋了科大「產學研一體化」模式的獨特價值，為香港建設國際創新科技中心提供了可借鑑的發展範式。

為進一步推動創新創業，科大亦構建了多維度支持網絡：2019 年啟動的創業基金已成功投資 22 家初創企業；2024 年投放五億港元成立了 Redbird Innovation Fund，與市場投資夥伴共同設立價值 20 億港元的風險投資基金，以支持潛力優厚的深科技初創公司；2025 年更與上實集團合作推出 1 億港元香港生物科技基金，專注醫療健康領域創新。而為配合這些資金計劃，科大亦正積極搭建創新平台，例如「創新灣」（InnoBay），就是一個旨在優化技術轉移機制，加速科研成果產業化進程的重要創科平台。

問：

預期未來五年香港創科發展步伐如何？

答：

創科是香港未來發展的重要引擎。香港特區政府近年來推出了一系列推動創科發展的措施，重點領域包括人工智能、生命健康科技及低空經濟等，這些領域預計將在未來五年得到大力發展，並成為香港經濟的新動力來源。

科大在這些領域具有顯著的科研優勢和國際影響力，尤其是在

2025 年 1 月，科大上海產教融合中心正式成立，為大學首個位於長三角的產學研基地，標誌科大與長三角地區展開更深入的合作。

人工智能與數據分析、生物醫藥，以及低空經濟相關的前沿科技方面。未來，科大將充分利用自身的科研實力和人才培養能力，積極推動這些領域的發展，為香港創科生態系統貢獻力量，助力香港成為國際創科樞紐。

不斷創新教研模式 應對新時代人才需求

問：

香港高等教育的未來發展會遇到什麼挑戰，如何未雨綢繆？

答：

未來，香港的高等教育將面臨多重挑戰，但同時也存在重要機遇。隨着國際人才競爭日益加劇，全球主要教育中心正加大力度吸引優秀人才，香港需要不斷提升學術環境和研究資源等方面的競爭力，以在這場競爭中脫穎而出。另一方面，科技的快速發展也將對高等教育提出新的要求。人工智能等新技術正在重塑教學模式，大學需要具有前瞻性，並不斷調整和創新課程設置和教學方法，培養能夠應對未來全球挑戰的人才。此外，面對全球人口老化及氣候變化等緊迫議題，跨院校、跨學科的研究協作變得愈加重要。因此，大灣區的教育協同發展以及與海外院校的合作也需進一步深化，以充分發揮香港「背靠祖國、聯通世界」的獨特優勢。

「在人工智能迅速發展的背景下，作為未來人才的培育者，我們必須積極擁抱和善用科技，探索如何利用科技改善人類生活。」

我認為，高等院校必須不斷創新教學模式和課程設計，以適應新時代對人才的需求。例如，科大設立了跨學科學院，推動藝術科技和生物設計等新興領域的跨學科研究。我們率先推出「Major + X」學習框架，讓學生能靈活地將包括人工智能在內的新興技術融入傳統學科，從而培養具國際競爭力的跨學科人才。此外，也成立香港首個藝術與機器創造力學部，專注於培養能夠駕馭人工智能和機器學習等尖端技術的藝術科技人才，以應對教育數碼轉型的迫切需求。

在人工智能迅速發展的背景下，作為未來人才的培育者，我們必須積極擁抱和善用科技，探索如何利用科技改善人類生活。作為香港首家積極鼓勵採用生成式 AI 的學府，科大已投放資源，提供支援措施，鼓勵師生善用相關技術，例如設立總額達 1,000 萬港元的教育及生成式人工智能基金，全方位鼓勵教學人員善用 AI。此外，在政府的支持下，牽頭成立了創新香港研發平台，並設立專注於生成式人工智能的研究中心 HKGAI，成功推出香港首個人工智能大模型 HKGAI V1，為教育與科研注入新動力，進一步鞏固香港在全球科技前沿地位。

香港背靠祖國、聯通世界，大學必須充分發揮這一優勢，才能在全球眾多大學中脫穎而出。未來，我們需進一步強化「官產學研」的合作，例如在發展低空經濟方面，應積極匯聚各方資源，將研究成果轉化為實際可行的項目，為社會作出貢獻。此外，香港的高等院校應更加積極與內地，特別是與毗鄰的大灣區城市展開合作，共同完善各產業鏈及市場，形成協同效應，提升整體競爭力。同時，我們也應拓展與海外院校的國際合作，吸引全球頂尖人才與資源，進一步鞏固香港在高等教育和科研領域的領導地位。通過這些努力，香港的高等教育將能更好地應對各項挑戰，把握大灣區協同發展的機遇，為未來發展奠定堅實基礎。

問：

科大在申請開辦第三間醫學院準備充足，顧問團成員星光熠熠，是否志在必得？

答：

為了實踐成立第三間醫學院的願景，我和團隊過去兩年積極籌備建設醫學院計劃，利用科大自身優勢引入前沿科技與醫學結合，除了培養創新醫學人才之外，同時希望爭取在醫學前沿、醫學技術過去一年，科大積極就醫學院的全面規劃方案開展籌備工作，當中包括成立校董會顧問小組、籌備委員會與醫學教育工作小組。圖為 2025 年 2 月，校董會顧問小組召開會議，為籌辦香港第三間醫學院的計劃提供專業意見。

和產品研發等領域取得突破，貢獻國家醫療健康領域的發展。3 月中，我們已向政府正式提交建議書，申請建立香港第三間醫學院。此外，自 2024 年起，我們積極拓展合作網絡，至今已與超過 20 所國內外領先的醫學院及醫療機構簽訂協議，這些合作夥伴將為新醫學院提供短期臨床課程、實習機會、師資交流和聯合研究計劃等，讓學生獲得多元的臨床經驗，並推動跨境醫療創新。

「香港憑藉國家戰略支持和國際化都市特質，具備建設國際高等教育樞紐的獨特優勢。」

我由衷感謝本地及全球的醫學專家、學者、機構夥伴、各方持份者以及科大同仁為這項計劃所付出的努力。憑藉顧問團隊的卓越智慧、加上科大在生物醫學及人工智能等領域的領先優勢，以及廣泛的國內外醫療合作網絡，科大會繼續全力以赴，朝着籌建第三所醫學院的目標邁進，幫助香港社會培育兼具臨床實力與科研思維，並精通科技的新一代醫生，以推動醫學創新和改革醫療服務的模式。

科大在申請開辦第三間醫學院方面的準備非常充分，這些因素都顯示出科大對於申請的重視和信心。當然，最終的結果還需看政府相關部門的評估和決策。

做中西橋樑 納頂尖人才

問：

香港是否有條件發展為國際專上教育樞紐？科大可以擔當什麼角色？

答：

香港憑藉國家戰略支持和國際化都市特質，具備建設國際高等教育樞紐的獨特優勢。作為全球 50 強高校，科大充分發揮自身優勢，全力支持特區政府打造「留學香港」品牌。

科大作為全港國際化程度最高的學府，構建了全球化的學術社區，匯聚了來自 40 多個國家和 80 多個地區的優秀師生，目前，科大已建立起涵蓋 320 個國際合作夥伴的全球網絡。

自 2022 年啟動全球攬才計劃以來，我們已成功引進逾百位頂尖學者，並招收了包括 12 位印尼政府獎學金得主在內的國際優秀學子，充分展現香港高等教育的國際吸引力。

科大作為一所面向全球的大學，一直積極參與多個國際學術聯盟，例如科大是亞洲大學聯盟（AUA）的創始會員，同時擔任該聯盟創新創業網絡創始主席。另外，科大也是東亞研究型大學協會 2024 至 25 年度的主席。

科大校友總人數至今已突破十萬人，校友網絡遍佈全球。圖為科大在阿聯酋舉辦的校友聚會。

為進一步擴闊與環球大學的合作交流，科大亦成立了全球知識網絡（Global Knowledge Network），旨在透過與合作院校建立聯合研究種子基金，共同注入研究資金，推動跨地區與跨院校的研究工作，迄今已經支持了 32 個研究項目。

在促進國際學術交流方面，科大推出的國際會議資助計劃已支持 20 多場高水準學術會議，包括 2024 年邀請四位諾貝爾獎得主來港參與的分子前沿研討會。我們與康乃爾大學等 32 所世界頂尖院校建立聯合研究基金，重點推動氣候科技等前沿領域的突破性研究。

科大的國際本科生比例在過去多年為全港大學中最高。

科大將繼續追求卓越教學、提升科研能力以及吸納世界頂尖師生，協助政府推動「留學香港」品牌，說好香港故事，成為聯通中外高等教育交流合作的重要橋樑。

問：

在世界地緣政治緊張局勢下，科大在聘請國際師資、吸引外國學生方面是否順利？

答：

科大始終保持開放包容的國際化特色，在師資招聘與國際學生招攬方面持續取得穩健進展。科大憑藉獨特優勢，成功維持國際人才社群的多元活力。自 2022 年 10 月積極開展全球招聘以來，我們已成功招攬超過百名來自世界各地的頂尖學者，專業領域涵蓋生物醫學、人工智能、微電子、商業管理創新、可持續發展與綠色科技、藝術科技及人文社會科學。未來計劃將再積極招聘 100 人，進一步開拓更多重點研究範疇，包括量子信息、集成電路、腦神經科學、醫學科學、生物醫藥、新材料、新能源、航天科技、深地深海與極地等領域。

就國際學生招募而言，科大採取多元化發展策略。我們的國際學生比例居於香港高校之首，展現校園的多元特色。值得留意的是，許多國際畢業生選擇留港或赴大灣區發展，印證了香港作為國際樞紐的持續吸引力。

面對全球環境的變化，科大積極調整策略：聚焦具全球共識的研究方向、深化與大灣區的產學研合作、完善國際師生的支援體系。這些措施有效提升了科大在國際人才市場的競爭力。

在變動的世界中，開放合作仍是科學進步的基石。科大將繼續發揮香港的獨特優勢，為全球優秀人才提供理想的發展平台，進一步鞏固香港作為國際人才樞紐的重要地位。

採訪：文灼非
撰文：香港科技大學、何瑞莉
圖片：香港科技大學提供

香港科技大学（广州）
HONG KONG UNIVERSITY OF SCIENCE AND

港科大一體 雙校互補
打造世界人才高地

——專訪香港科技大學（廣州）倪明選校長

倪明選教授

1980 年獲美國普渡大學電機工程博士學位，為香港科技大學（廣州）創校校長，曾任香港科技大學首席副校長、校長特別助理、霍英東研究院院長及計算機科學及工程系主任與講座教授；澳門大學學術副校長、電腦及資訊科學系講座教授；密西根州立大學計算機科學與工程系教授、美國國家科學基金會微電子系統結構項目主任、美國 CC&T 技術公司聯合創辦人兼行政總裁。

IEEE 終身會士，香港工程科學院院士，論文引用超過 47,000 次（據 Google Scholar），曾先後獲得八次國際會議最佳論文獎，成功申請 28 個美國、中國授權的專利，並指導 74 名博士畢業生。

積極參與中國內地學術事務，曾先後獲得中國計算機學會海外傑出貢獻獎（2009）、教育部自然科學一等獎（2010）、國家自然科學二等獎（2011），以及廣東省科學技術一等獎（2014）。

香港高等教育過去十年歷經風起雲湧，在世界高等教育舞台已佔有舉足輕重地位，同時亦掀起內地辦學風潮。香港科技大學繼香港浸會大學與香港中文大學後，新近在廣州南沙落戶成功一所研究型大學——香港科技大學（廣州）。創校校長倪明選教授是香港科大原首席副校長，曾任澳門大學學術副校長，大灣區辦校經驗豐富。他接受本社專訪暢談創立香港科技大學（廣州）的心路歷程，並分享獨樹一幟的教研模式。

港科大（廣州）於 2022 年 6 月正式成立，希望成為內地與香港教育融合發展的典範。港科大、港科大（廣州）各自作為獨立法人，財務自主，奉行互不補貼的原則。同時，兩校在「港科大一體，雙校互補」框架下開展合作，鼓勵學科交叉融合，打破邊界合作，以達到「1+1>2」的目的。

問：

倪教授在台灣本科畢業後赴美深造，在密西根州立大學任教超過 20 年，2002 年加入香港科技大學，當年為什麼有興趣來香港發展？與美國的學術環境有什麼不同？

2019 年倪校長重回科大擔任首席副校長，負責籌備成立香港科技大學（廣州）。（港科大（廣州）提供）

答：

最初去美國其實是父親希望我去的，作為黃埔軍校的畢業生，他骨子裏是一個文人，有那一代人普遍的「萬般皆下品，唯有讀書高」心態，從小就鼓勵我們多讀書。所以從台灣大學電機工程系畢業後，我就跟那個年代大部分人一樣，選擇去美國留學工作、開啟新的生活篇章。

我在美國很早也很順利獲得終身教職，也和現在很多年輕人一樣，創過業，當過美國 CC&T 技術公司執行長，同時還在華盛頓美國國家基金任過職，算是當時的斜槓青年吧。當我女兒上大學時，收到香港科技大學的邀請，與我一直想回國效力的心願一拍即合，那種惺惺相惜的感覺真是太好了。所以我二話不說，迅速決定到香港工作。

選擇香港至關重要 科大澳大經驗寶貴

問：

在科大服務這段期間，你怎樣看這所年輕大學的發展及實力？

答：

來香港是我人生至關重要的一步，完全改變了未來人生的發展，雖然在當時看起來只是選擇了一份新的工作。回頭看看，有時候選擇了一份新的工作，就是選擇了一種新的人生，香港科技大學對我的意義就是如此。香港科技大學是美式大學，所以我很快就能適應。我於 2002 年加入港科大，那時建校 11 年，正是大學隊伍裏朝氣蓬勃、向上攀升的年輕人，整個學校氛圍非常好，研究氣氛濃厚，大家都滿懷對未來的憧憬和夢想，幹勁十足。

港科大是高起點辦學，學校制度比我在美國更規範，設備先進，依山傍海，環境優美，讓每一位在此工作的同事身心舒泰，沒有後顧之憂。記得擔任系主任的時候，系上有八位來自不同國家的老師，真是非常國際化和多元化的學校，研究生素質比我在美國招的學生還好，真真正正是港科大蓄勢勃發的黃金時期。港科大的奮進帶動了香港高校整體向上提升，目前有五所大學昂首進入世界排名前 100 名，這是香港的最大優勢和寶貴財富，也促使香港在世界頂級大學之林擁有了話語權。

問：

2015 年為什麼會有興趣轉到澳門大學出任學術副校長？對澳大作出什麼重大改革？

答：

加入香港科技大學後，我歷任計算機科學及工程系主任與講座教授、霍英東研究院院長、校長特別助理，每一段不同的工作歷程都非常愉快。後來，澳門大學透過獵頭公司和我聯繫，邀請我去澳大就職。其實，我完全沒有想過離開港科大，也拒絕了三次。但參觀完澳門大學全新校區，和趙偉校長、校董會謝志偉主席推心置腹的談話之後，雙方覺得關於教育的思考和理念很契合，深感自己到澳大後可以基於過往的歷練和經驗，為澳大更好地貢獻與服務，所以決定於 2015 年加入澳門大學，並擔任學術副校長。

在校長、校董會的無私信任、深切關懷和集體支持下，在澳大近五年的時間裏推行了諸多改革創新，從人事制度更迭到學術全面發展，我和我的團隊實現了很多突破也經歷了眾多挑戰，更協助各學院解決不少難題，讓制度不止是制度，更是學校提升學術地位、全體老師和學生獲取更多學術實踐與發展的寶貴機會。當時特別想在澳門退休，到現在都很懷念我的澳大時光。

問：

2019 年重回科大擔任首席副校長，是否主力負責籌備成立廣州分校？為什麼科大當年有設立分校的考慮？

答：

作為港科大的一分子，永遠飽含對港科大的特殊感情，還有港科大前校長史維教授的「加持」，讓我下定決心於 2019 年重回港科大擔任首席副校長。其實，港科大與廣州早有淵源。早在 2012 年，我擔任港科大霍英東研究院院長期間，廣州市人民政府就向港

2018 年 12 月，香港科技大學與廣州市人民政府及廣州大學簽署協議，合作籌建香港科技大學（廣州）。（港科大（廣州）提供）

科大拋出橄欖枝，希望我們到南沙辦學，可惜功敗垂成。2017 年，廣州市人民政府重啟合作辦學的邀請。2018 年 12 月，港科大與廣州市人民政府、廣州大學正式簽署合作辦學協議，雙方都投入極大的心血和資源。到內地辦學更是港科大難得的機會，2019 年 9 月中港科大（廣州）獲教育部批准籌備設立。

首創「樞紐—學域」學術架構 學科融合雙校互補

問：

香港浸會大學最早在珠海與北師大聯合辦學，之後香港中文大學在深圳開設分校，香港城市大學東莞分校 2024 年開學。與這幾所大學相比，香港科技大學在廣州開辦分校有什麼獨特之處？

答：

通過借鑑和吸收先進教育理念和實踐經驗，中國一直在推動本土的教育改革，以期孕育出植根中國、接軌國際的獨特辦學模式。我相信，這也是港科大獲邀來南沙辦學的原因。地方政府為了鼓勵外來者辦學，會先提供土地、出資蓋學校，之後交給校方自力更生。港澳地區要在內地辦學，一樣要遵循教育部《中外合作辦學條例》。不同的是，外國大學來中國辦學，通常不會在設立初期便投入高昂成本。港科大要在內地辦一所什麼樣的學校？經過全面而慎重的考慮，我們決定：港科大（廣州）不是簡單地複製港科大，而是要做一些港科大過去想做而做不到的事。兩校在「港科大一體，雙校互補」的框架下開展合作，致力於培養國家需要的「複合型創新創業人才」。

「大學不能是象牙塔，而是應該用實際行動去展現作為一所科技大學如何發揮社會影響力。」

我們花了很多時間反覆構思學術架構，鼓勵兩邊合作，雙校互補共長，學位課程原則不重疊，譬如清水灣校園有計算機系，我們便成立人工智能、數據科學與分析、物聯網等學域；清水灣校園有牽涉到材料的物理系、化工系、機械系等，廣州校園便將所有跟材料相關的系整合成一個先進材料學域，以資區隔，但又強相關，這就是我們跨學科的突出優勢，也是和其他學校的不同之處。

問：

港科大（廣州）提出要建成全世界第一所融合學科大學，請談談

2023 年 9 月，倪校長在開學典禮上以「在人工智慧時代遇見未來」為題，為學生帶來生動的「校長第一課」。（港科大（廣州）提供）

你的構想？這些概念很新穎，世界首創，用了多少時間才構想出來？

答：

港科大（廣州）獨創的樞紐及學域概念是港科大前任校長史維教授首先提出，我非常佩服他對高等教育的深度理解和融會創新。後來，創校團隊團結一心，將藍圖變為現實。我常說，要打破邊界看自己。港科大（廣州）有個「著名」的政策，全體老師辦公室需要打破世界常規，從按專業分配到全部隨機分配。執行前全校反對，但我頂住壓力，堅持落實。現在所有老師因為辦公室的隨機性而有機會因為喝杯咖啡或者散散步和其他老師偶遇，從而打破邊際，產生不同的思想或者科研火花。直到此時此刻，大家才終於認同這是打破學科壁壘最成功、最有效的政策之一。

在學術架構上，港科大（廣州）破除傳統的工學院、理學院的劃分，採用一套獨特的樞紐架構模式，以港科大各學院和跨學科學院為基礎，組成功能、信息、系統和社會四個連接多個學科的樞紐，這四個非傳統的樞紐及其學域，致力打破學科間的壁壘及界

逾 30 位兩校同學參與永續發展與設計思維證書課程，參觀探索兩地校園，並就校園建設提出永續發展方案。（港科大（廣州）提供）

限，每個樞紐均有多個以新興領域為研究方向和重點的學域。譬如信息樞紐包括四個重點學域：人工智能（AI）、數據科學與分析（DSA）、物聯網（IoT）和計算媒體與藝術（CMA），計算媒體與藝術就是將藝術跟技術整合，讓即便是中國戲劇學院、美術學院的學生也能進入技術領域，也可以選擇深造讀博，藝科相融既體現科技之美，也讓整個境界和領域大不相同，實現新動能。

大學不能是象牙塔，而是應該用實際行動去展現作為一所科技大學如何發揮社會影響力，回應技術之問、文化之問、時代之問。因此，社會樞紐的理念就是成為「數字社會知識經濟的主導力量」，積極對接國家發展策略和回應市場需求。目前主要關注的重點融合學域有四個，分別是：碳中和與氣候變化、金融科技、創新創業與公共政策、城市治理與設計。希望學生未來能成為解決社會經濟問題的中堅力量，在日新月異的網路社會中為知識經濟做出貢獻。我們是全世界第一個實現交叉融合學科的大學，交叉學科在傳統大學很難做，但港科大（廣州）比較好做，輕裝上陣，全新規劃，沒有包袱。

培養複合創新能力 大力推行教育改革

問：

你也提出要改革人才培養的模式，港科大（廣州）如何培養創新型人才？

答：

為培養學生在全球化競爭中成為跨文化領導者，港科大（廣州）以英語為基本工作語言和教學語言。同時，在「港科大一體，雙校互補」概念下，兩校具備互補的學術框架，提供錯位發展的學位課程。課程及中央研究設施也互相開放，鼓勵兩校老師積極探索合作，並共同指導學生。學生也可同時修讀兩校提供的學位課程。兩地師生可以在更廣闊的學術框架下，自由選擇研究和學習主題，並獲得更靈活、更好的支持。如此一來，相信師生都可以依照自身倪校長表示，港科大（廣州）最大的重點是教學改革，以實現培養複合型創新創業人才的目標。

興趣和志向，找到最有利的空間發揮所長，盡展潛能。

「科技在變，產業在變，教育不能不變。」

港科大（廣州）最大的重點是教學改革。很多學生本科專業並不是他想讀甚至不是他自己的選擇，而是根據高考成績或者聽從家長建議來決定專業。孩子們的命運由分數決定嗎？我不認同，因此港科大（廣州）從碩士班先行探索，入學的第一個學期不設置學科和專業分界線，學生必須先培養設計思維能力，能不能想出新點子？有沒有溝通能力？具不具備自己動手及團隊協作的能力？

為了實現「複合型創新創業人才」目標，學校要求所有研究生必須從融合學科研究方法、融合學科設計思維兩門項目式學習方式的核心課程中擇一修讀，之後採用項目引導式的小組教學。學生可與教師雙向反覆溝通選擇研究題目，比如今天要解決的問題是醫療互聯網，可以由五個背景不一樣的學生一起做，一個研究穿戴式設備，一個研究數據如何分析，一個研究人工智慧，另外一個研究國家政策等，這五個學生針對同一個題目會產生不同的貢獻。之後才選擇是 AI、科技政策還是物聯網專業及配套相關的指導教授，真正實踐學科融合樞紐理念。

善用人工智能 發揮科研影響力

問：

你是電腦專家，進入人工智慧時代，高等教育的教學與科研面臨什麼挑戰？有什麼危與機？

答：

科技在變，產業在變，教育不能不變。港科大（廣州）所有老師入職第一年首先是去教學中心學習如何上好一門課，因為現在大學裏普遍有學生對「水課」的吐槽和對新型教學方式的需求。我們邀請外部教育專家來授課，用他們的經驗來引導我們的新教師上好執教生涯的第一堂課。但部分老師們反映，覺得這門課浪費時間，於是我也去旁聽，想弄明白到底發生什麼事。要改變教學方法，最大的阻力不是來自於未受訓練的新手老師，而是來自於傳統教學方法訓練出來的資深老師。因此，老師要學習建構更好的教學方法，更要善用 AI 工具，譬如學生上課不好意思發問，尤其現在很流行「i 人」，那麼他們是否可以使用高科技當教學工具，譬如使用「彈幕」？不僅自如地表達想法，更符合這一代學生的特點，上課是不是更有趣？同學們更願意參與和互動？

人工智能也一樣，知識獲取的方式已日益多樣化。大學教育面對的挑戰，是讓學生「把知識裝到自己腦子裏」，並轉化為能力和素質。生成式人工智能剛問世，港大就反對使用，但港科大就積極支持，鼓勵使用，港科大（廣州）是內地率先在全校範圍內使用生成式人工智能工具的學校。既然人工智能的發展是無法阻擋的趨勢和工具，那未來的重點便應該是老師要思考、探索並改變傳統評核學生的方式和方法。

問：

大學的科研成果如何轉化成新質生產力，為大灣區的建設及國家發展貢獻力量？

答：

港科大（廣州）有三個執行重點：第一是交叉學科式的學習，第二是教育方法的改變，第三是科研影響力的發揮。過去港科大的教授很會發表論文，世界排名很高，但會寫論文並不代表具有影響力，重點在於科研成果能否被看見、被轉化、被應用。無人機公司大疆的創辦人汪滔在就讀香港科技大學電子及計算機工程學時創業，他的成功經驗影響深遠，因此港科大開了一系列創業課程，希望幫助學生在創業時少走冤枉路。

港科大（廣州）科研影響力怎麼體現？發表高水準論文依然需要且無法放棄，但「成果轉化」，則是重中之重。從基礎科研，走到應用科研，有沒有產業化價值？如何創造有影響力的成果？我們設立專門的辦公室協助老師和學生做好產學研，提供並配套各種機制輔導老師、學生創業，希望在港科大（廣州）的沃土上有機會再孵化一個大疆。所有的獨角獸都可遇不可求，但我們總要大膽去想像並相信港科大（廣州）有這個能力和機遇。

2024 年 1 月，港科大（廣州）與比中經貿關係委員會在佈魯塞爾共同舉辦主題為「重塑研究型大學生態系統」的中國—歐盟高等教育圓桌會議，吸引來自十多個歐洲國家的 30 多位各界嘉賓與會。（港科大（廣州）提供）

「香港已經喪失了太多機會，香港如果再不行動，什麼機會都沒有。」

另一個是跟企業的全方位合作，企業有場景、有數據。但香港過去因為沒有成熟的創業生態、沒有完整的上下游產業鏈，學生創業開始會選擇香港，但做大做強上了規模後紛紛轉移到深圳，因此香港錯失了很多機會，所以我們非常鼓勵老師、學生跟企業合作，將科研從實驗室走向市場，轉化成有價值的產品。

加強國際交流　成為國際人才高地

問：

港科大（廣州）怎樣走向國際化？如何將世界一流的資源引進來？

答：

港科大（廣州）是使用英語教學的大學。我常跟老師說，我們是內地的一所大學，但是我們不能變成另外一所內地的大學。我們的特色是什麼？國際化很重要，中央領導都講中國對外交流開放必須堅定不移地做下去。

我們馬不停蹄去世界各地拜訪大學、重要科研機構，因為我們希望透過高水準合作，為學生創造去國外交流的機會，老師也能跟不同實驗室和高校進行科研合作，更歡迎海外學生到我們學校來，親自感受中國一流大學的魅力，雙方親自的走訪和彼此的互動交流非常重要，在親眼目睹、親耳聆聽和親身感受中才能不斷建立真誠的信任和真摯的情誼。2024 年 10 月，大學會繼續率團去德國參加中德科技論壇，成為國際化的人才高地是港科大（廣州）矢志不移的重要使命。

港科大兩校高階主管交流合作緊密，倪校長（前排中）與港科大校董會主席沈向洋教授（前排右）、港科大校長兼港科大（廣州）理事會理事長葉玉如教授（前排左）一同出席廣州校園訪客資訊中心開幕典禮。（港科大（廣州）提供）

問：

香港是否有條件發展為國際專上教育樞紐？港科大（廣州）可以擔當什麼角色？

答：

香港已經喪失了太多機會，香港如果再不行動，什麼機會都沒有。香港高校有這麼好的世界排名，影響力卻未能如願發揮，很可惜。香港如何重新定義自己、贏回信心很重要。中國與時俱進、守正創新，堅定不移推進高水準對外開放的路徑上，香港必須和祖國同頻，抓住這個重要機會。

港科大（廣州）跟清水灣校園鼓勵交換計劃，希望香港的學生多來內地看一看，親自去體會內地不一樣的地方，才會改變過去的

港科大（廣州）校園由國際知名建築設計事務所 Kohn Pedersen Fox Associates 設計，以智慧綠色校園為靈感，延續清水灣校園整體風格，預示了未來大學的應有面貌。（港科大（廣州）提供）

固有偏見。港科大（廣州）授予的學位是港科大學位，大型研究設施雙方共用，教授共同指導學生，希望給中國的孩子有不同的眼界、不同的選擇。

問：

在世界地緣政治的緊張局勢下，港科大（廣州）在聘請國際師資方面是否順利？

答：

港科大（廣州）的初始管理層及骨幹教授是伴隨着港科大成長，並帶着豐富的科大經驗加入廣州校園，其他教授都是都是通過嚴格的全球招聘而來。許多非華裔教師有興趣來，一方面因為大學擁有前沿的科研設施和全新的教學理念，其另一方面是國際化校園創造了國際化人才無縫連接工作、語言和生活環境的機會，更重要的是，我們的待遇也與國際接軌。在地緣政治影響下，不少海外工作的華裔教師也願意回來。他們既認可港科大（廣州）的辦學理念，也想在祖國大地上，踏踏實實地依靠豐富的資源和廣闊的空間來開展科研工作。更有一點，就是我們中國人的優良傳統，希望更好地就近照顧父母和家人，所以選擇回來。總體來看，港科大（廣州）在聘請國際師資方面比較順利。

採訪：文灼非
撰文：何瑞莉
攝影：文灼峰

THE HONG KONG
POLYTECHNIC
香港理工大學

怎樣發展成創新型世界一流大學

——專訪香港理工大學滕錦光校長

滕錦光教授

中國科學院院士、愛丁堡皇家學會通訊院士、香港工程科學院院士、香港科學院院士。現任香港工程科學院院長及創新科技與產業發展委員會成員。2021 年獲特區政府委任為太平紳士，2024 年獲頒銅紫荊星章，2023 年成為第十四屆中國人民政治協商會議全國委員會委員。

浙江大學工學學士，澳洲悉尼大學博士，英國愛丁堡大學訪問博士研究生和研究人員。曾任澳洲詹姆士庫克大學講師、高級講師；香港理工學院土木及結構工程學系講師，後逐步晉升為講座教授；南方科技大學副校長兼研究生院院長；香港理工大學建設及地政學院副院長、協理副校長、建設及地政學院 / 建設及環境學院院長及可持續城市發展研究院院長。

曾出版專著以及 200 多篇 SCI 期刊論文，多項科研成果亦獲中國、澳洲、歐洲、英國及美國的設計標準和指南所採納。曾獲頒國家自然科學獎二等獎、國家傑出青年科學基金，並獲理大頒發 2013/14 年度校長特設卓越表現 / 成就獎（研究及學術活動）。

香港理工大學（理大）歷史可追溯至 1937 年，歷經多次變革與發展，逐漸從一所工業學院轉型為世界知名的大學。多年來，理大秉持「開物成務 勵學利民」校訓，在教學、科研及知識轉移等方面取得卓越成就，特別是在應用科學與工程技術領域內享有盛譽。

面對創新科技的迅猛發展，理大如何在延續優勢的基礎上不斷提升？如何吸引國際人才？未來在內地又有何部署？滕錦光校長接受本社專訪，暢談理大的發展戰略、創新舉措以及未來藍圖。

向成為創新型世界級大學目標邁進

問：

滕校長自 1994 年加入香港理工學院不到一個月後，學校便正名為香港理工大學，身為元老級教授，見證了這所大學的快速發展，你能否談談理大在這 30 多年的變遷？

答：

90 年代初英國、澳洲等地有不少理工學院（polytechnic）類的院校正名為理工大學，香港也經歷了一個類似的高等教育發展階

滕校長感謝歷任校長的付出，為理大今日欲發展成創新型世界一流大學奠定堅實基礎。

段。香港的幾家在 90 年代正名的大學，相較於英國的同類學校發展得更好，因為香港的幾間學院在正名後，政府提供了很好的財政支持。所以總的來說，理大過去 30 年的發展是很不錯的。

從理工到大學不斷提升水平

理大的發展也經歷了幾個階段，第一個是潘宗光校長的年代，是一個奠基、打基礎的時代，注重提升學校科研能力，以及注重特色發展。比如當時將酒店旅遊管理學科獨立出來成為一個獨立學院（School），而 Hotel ICON 唯港薈則是酒店旅遊管理學院的一個延伸，設計學院也發展得很好。這都是一些比較有特色的項目。

在科研方面，從理工學院到理工大學，科研水平的提升也不是一蹴而就的，我從 2006 年開始擔任協理副校長，至少在 2008 年的時候，理大就開始朝着世界級研究型大學的目標發展了，到現在理大的科研已經達到世界級水平，而且在一些領域已經成為世界領先的大學。

第二個階段，是唐偉章校長的年代，其中一個重要的變化是，學校由原本的三年制變四年制，所以我們的教育更加重視全人發展，實施了「服務學習」的項目，到今天理大已經成為「服務學習」領域的知名高校。我們要求每一位本科生都要修讀三個學分的「服務學習」課程，該課程需要學生善用所學，為需要幫助的人士及需要關懷的弱勢群體提供服務，比較典型的是我們的學生去非洲盧旺達農村家庭，為山區窮困家庭安裝太陽能發電系統，幫助他們在晚上也能使用電力資源。現在我們的目標就是發展成創新型世界一流大學。

「世界一流的科研、教學和畢業生是我們追求的目標。」

問：

請問目前距離這個目標有多遠？怎樣才算是世界一流大學？創新型又有什麼意涵？

答：

對於世界一流大學的定義，每個人都可能有不同的看法，有些人會看排名，但這並非唯一的標準。對我們來說，世界一流的科研、教學和畢業生是我們追求的目標。這是一個非常崇高的目標。

至於創新型，我們從三個維度來理解。第一，我們希望畢業生能成為創新的引領者；第二，我們希望科研能為社會帶來有價值的創新；第三，我們希望理大的所有工作都能體現創新精神。舉例來說，我們是全球首個推出元宇宙碩士課程的學校，並且在亞洲率先推出了區塊鏈碩士課程。2024 年，我們還推出了電動車碩士課程，這都體現了我們在課程設計方面的不斷創新。

2024 年夏天，理大服務學習項目 Habitat Green in East Africa 順利在盧旺達東部省 Rwamagana 區六個村落完成太陽能發電系統安裝工作，為 400 戶山區窮困家庭解決基本用電問題。（香港理工大學提供）

我們還設立了理大高等研究院（PAIR），也是本港和粵港澳大灣區最大規模的交叉學科研究平台。此外，理大在全國多個城市共建技術創新研究院，也是我們創新精神的體現。

裝備學生迎接新興科技的發展

問：

理大過去為香港的製造業作出重要貢獻，培養了大量人才，近年來工業萎縮，理工科的出路不及當年，目前服務業比較興旺，理大的教學理念會怎樣做出調整？

答：

現在理大的學科分佈已經很廣，在工科方面理大設有兩個學院：工程學院和建設及環境學院，分別為製造業和建造業服務。儘管香港的製造業在過去二三十年有明顯萎縮，但建造業依然重要，因此我們理大的工科畢業生仍有廣闊的職業發展空間。

此外，隨着香港從製造業轉向服務業，我們根據社會需求和政府支持，設立了一系列專業，例如酒店旅遊管理、設計、時裝與紡織、康復、護理、醫療檢測、眼科視光、地球空間資訊技術、航海等，這些學科在香港八間公立大學中具有獨特性，這也是我們的優勢。

同時，我們一直以來都非常重視學科的發展。2024 年 7 月 1 日，我們成立了數據科學及人工智能學系，並計劃在 2025 年 1 月 1 日成立面向人工智能時代的新學院，叫電腦及數學科學學院，以應對智能化社會對人才和技術的需求。在 ChatGPT 熱潮興起之前，我們就已開始培養學生的相關能力，理大早在 2020 年就在全球首先要求本科生必修一門人工智能與數據分析的課程，並設立了 36 學分的人工智能及數據分析副主修（secondary major），供 20 多個專業的學生選修，旨在培養複合型人才。

滕校長（後排中）於開學迎新日與一眾教師及新生合影。（香港理工大學提供）

問：

人工智能對大學教育有顛覆性影響，理大如何調整教學和研究來適應其發展？

答：

ChatGPT 出現後，我們一開始就採取開放態度，積極鼓勵學生使用這項新技術。如果一種技術在社會和產業中被廣泛使用，學生就必須學習和適應它，我們支持學生使用這項技術，同時確保它在教學中能發揮正面作用。

為了應對人工智能對教育的影響，我們做了兩件事。首先，我們成立了高等教育研究及發展院（IHERD），聘請了一位計算機輔助教學系統方面的專家擔任院長，帶領學校的教學改革，包括利用人工智能技術來增強學生的自學能力，因為擁有自學能力的學生在未來的職業發展中會更加成功。

其次，我們在語言教學上也在推進教學方法的改革。我們認為 ChatGPT 等大語言模型對語言學習非常有幫助，因此我們正在探索改革英文和中文教學方法，利用技術來提升教學效果。

問：

對於 2025 年 QS 排名理大上升至 57 位，理大在哪些地方表現突出，才有這樣好的成績？有哪些領域你覺得還可以改進，明年再創新高？

答：

大學會關注排名，是因為它能反映學校的進步和變化，但每個排名的標準不同，所以不能單純以排名來評判我們的辦學成績。我們更注重如何成為世界一流的大學，打造世界一流的文化、教學和科研。

在最新的 QS 排名中，我們有酒店管理、藝術與設計、土木工程、建築及建造環境和市場營銷五個學科進入世界前 20 名，這在香港八大中僅次於香港大學。在國際研究網絡和論文引用等細分指標上，我們也分別位列香港前二及前三名。

當然，我們也有不足之處，需要繼續努力改進。首先是香港希望能夠成為國際專上教育樞紐，我們將進一步提升學生國際化程度。雖然我們的國際化排名很高，但希望能吸引更多來自不同國家的學生到理大求學，增強學生群體的多樣性，這是我們下一年要努力的地方。其次，香港的大學科研要落地應用是有一定困難的，主要因為香港缺乏土地（我們校園的空間也非常有限），製造業基礎較薄弱，市場規模不大，這些都限制了科研成果的落地。我們會繼續努力推動科研成果的轉化應用，並始終重視科研成果的應用價值。

理大藝術與設計科目在 QS 世界大學學科排名第 19 位，理大在設計教育的努力獲得肯定。圖為 2024 年 6 月 5 日在香港會議展覽中心舉行的理大時裝展 2024。（香港理工大學提供）

香港創科優勢與挑戰並存

問：

「十四五」規劃確立香港為國際創科中心，香港有哪些獨特的優勢？香港創科生態圈是否不夠完整，還有哪些不足？大灣區的優勢如何發揮？

答：

我們在講香港創科的優勢時，很多人都會想到香港的大學。香港有多所大學進入世界前 100 名，這些大學提供了強大的基礎研究能力和國際化的教學環境。同時，香港的語言環境、法律體系更易與全球接軌，所以香港要成為一個國際專上教育樞紐，其實具有相當好的條件。

「需要融入大灣區和國家發展，才能將科研成果更好地轉化為實際應用。」

然而，要將這些優勢轉化為創科發展的動力，還需要更多的物理空間、更完善的產業鏈和更大的市場，因此需要融入大灣區和國家發展，才能將科研成果更好地轉化為實際應用。北部都會區的開發非常重要，可以提供更多物理空間，促進物流、人流的跨境自由流動，從而推動香港的創科發展。

香港在土地、產業和市場方面確實存在不足，因此需要充分利用大灣區的機會，融入大灣區乃至國家的發展。為此，我們計劃在全國各地建立十多家轉化型技術創新研究院，促進科研成果的應用。

滕校長認為，香港的語言環境、法律體系易與全球接軌，已具備相當好的條件成為國際專上教育樞紐。

至於大灣區的優勢如何發揮，大灣區內有三個關稅區和不同的法律制度，確實存在一些約束。但這些問題可以通過政策來克服，比如香港有回鄉證的居民，去內地其實很方便的，若能放寬人流限制，讓更多沒有回鄉證的居港人才更方便地往來香港和大灣區其他城市，三地的優勢可能可以更好地發揮。香港的國際化環境對吸引海外人才具有獨特優勢，這是我們的強項。

問：

你如何看待數據自由流通的未來？

答：

數據自由流通涉及到安全因素，各國都需考慮。因此，雖然大家希望數據能更自由流通，仍待規則和約束的建立，這是政策需要突破的地方，且數據種類繁多，我認為對不同類型的數據應該有不同的要求。兩地進行科研合作時，對科研必要且無負面影響的數據，應該允許其自由流通。

培養具創新思維的未來領袖

問：

香港如何發展成為國際專上教育樞紐？目前還缺少哪些條件？理大如何發揮作用？

答：

有兩個方面我們需要提升。首先是空間的擴展，我們在外國招生時，有學生問到住宿問題，目前我們只能保證他們住一年，這可能讓他們猶豫。如果我們在北部都會區能獲得更多土地，建造更多宿舍和擴大校園，就能吸引更多學生，增加學校的容量，進一步提升香港的教育影響力。

其次，我們希望吸引更多來自世界各地的學生。目前，來香港留學的學生大多來自內地，但我們希望有更多來自不同國家的學生。為此，我建議設立一個貸款計劃，幫助那些成績優秀但經濟能力有限的學生來港留學，並在畢業後留港工作，逐步還清貸款，相信這不僅能吸引更多國際學生，也能補充香港所需的年輕人才。

理大已經在教育領域取得了不錯的成績，很多課程的競爭非常激烈。我們會繼續提升教學和科研水平，並招聘更多世界級人才，進一步鞏固我們在教育樞紐中的地位。

問：

理大香港專上學院未來的發展有什麼新想法？會考慮將其獨立為私立大學嗎？

答：

政府正在推動修訂 Cap.320，如果通過，我們的香港專上學院和專業進修學院一起將轉型為私立大學。轉型私立大學後，我們希望增加本科和碩士生的比例，同時保留副學士學位，因為它們對社會貢獻很大。我們正在進行具體規劃，希望能在政府通過修訂後的兩三年內完成轉型。我們的目標是保持與大學的密切關係，而不是完全分離。

問：

在當前地緣政治環境下，理大在吸引國際師資和學生方面面臨哪些挑戰？ 2024 年是否有機會達到 40% 的非本地學生名額？

答：

吸引國際學生方面，我們需要加強香港高等教育的宣傳，特別是在海外市場。香港的高校在海外招生歷史不長，在外地招生比例較低，宣傳力度也不足，這方面，這方面的工作需要加強。隨着國際學生比例的提升，特別是在創新科技領域，我們需要更加積極地

理大希望能吸引更多來自世界各地的學生，補充香港所需人才。（香港理工大學提供）

香港專上學院未來將轉型為私立大學，但仍會與理大保持緊密關係。（香港專上學院網站）

宣傳和招攬國際人才來理大任教。同時，也需要提升國際學生的學習體驗，創造一個多樣化的學習環境，這對所有學生都有益。

2024/25 學年的新生中，我們已經大幅度提高了外地生的比例到 40% 以上。就整個本科生全體而言，非本地學生比例將逐步增加，這個目標需要大約三年後才能全部實現。

「隨着國際學生比例的提升，特別是在創新科技領域，我們需要更加積極地宣傳和招攬國際人才。」

積極加強在內地的創科網絡

問：

理大在內地多個城市設立研究院，出於什麼戰略考慮？人才如何配置？

答：

我們設立研究院的戰略考慮在於將理大的科研成果轉化為實際

應用，實現「利民」的校訓。香港的產業基礎和市場有限，我們希望通過對接內地的產業需求，提升理大的科研影響力，並為國家科技自強和發展新生產力做出貢獻。每個城市有其優勢產業，我們精準對接科研成果與當地需求，確保研究院能夠真正推動當地的經濟和社會發展。到目前為止，我們已經和晉江、杭州、寧波、溫州、南京、無錫、合肥、武漢、深圳（光明區）、惠州、中山、贛州、淄博等地簽約合作設立研究院。

我們會選派合適的科研團隊進駐研究院，每個團隊都需要確保其科研能力能夠切實幫助當地產業發展。我們主要投入人力資源，當地政府會提供科研空間、經費和設備，這是一個雙贏的合作模式，旨在長遠發展。

問：

在內地辦分校的進展如何？外界認為研究院已經足夠，無需再辦分校，你怎麼看？

香港理工大學與惠州市人民政府及大亞灣經濟技術開發區舉行簽約儀式，就共建香港理工大學大亞灣技術創新研究院達成合作協議。（香港理工大學提供）

答：

我們在 2019 年與佛山簽訂了辦學的框架協議，但因疫情推遲了具體計劃，目前仍在考慮合適的時機推動這一計劃，我們希望辦一所高水平、高起點的學校，需要充足的資源保障。內地對高質量學位的需求很大，我們希望新辦的學校能夠維持理大在科研和教學上的高水平，這需要良好的經費保障，目前尚未有確定的時間表。

研究院和學校有不同的功能。研究院主要做轉化研究，而學校的主要目的是培養人才和開展基礎研究，兩者各有其重要性。

問：

你之前提到在北部都會區發展校園、設立醫學院和新酒店等想法，目前有什麼新進展嗎？

答：

目前這些計劃主要還在等待政府規劃和土地釋放。我們希望在北部都會區獲得的土地最好比現有校園大一倍，以便佈置科研人員和設備，並設立醫學院，支持當地預計 200 多萬人口的醫療需求，同時可以為大灣區提供醫療服務。

在該區建設一個附設會議展覽中心的大型教學酒店也在設想當中，因為這不僅能服務大灣區旅遊、會展業的發展，還能為學生提供實習培訓機會，這對學校和學生都非常有意義。不過現在暫不會去計算具體預算，因為這取決於土地的規模，我們需要等待土地的情況清楚後，才能進一步制定時間表和計劃規模。

採訪：文灼非
撰文：王迪、劉思熳
攝影：文灼峰

香港城市大學
City University of Ho

打造激發創新思維和推動科研成果轉化的重要基地

——專訪香港城市大學梅彥昌校長

梅彥昌教授

現為香港城市大學校長及大學傑出教授。

1956 年出生於新加坡，新加坡國立大學博士，倫敦帝國學院醫學院院士、英格蘭羅浮堡大學榮譽博士，並獲印尼大學、南京郵電大學及南京工業大學頒授名譽教授銜。亞太材料科學院院士及新加坡工程師學院創始院士。曾任新加坡國立大學常務副校長（創新與企業）、南洋理工大學學務副校長及材料科學與工程學院院長。

梅教授擔任南洋理工大學材料科學與工程學院院長期間，領導學院成為全球材料科學研究及教育領域的頂尖學院，近年在全球排名持續獲評為三甲之列；擔任學務副校長期間，推動大學在 QS 世界大學排名榜由 2011 年的第 74 位上升至 2017 年的第 11 位，並於該年度成為亞洲大學之冠。

他出任新加坡國立大學常務副校長期間，致力推動將大學研發的深度技術轉化為商業應用，並通過「畢業生研究創新計劃」令初創公司數量於三年內增加四倍，成為新加坡最成功的深度技術初創企業計劃。

2013 年獲新加坡科研界最高榮譽總統科學與科技獎，2016 年獲新加坡國慶公共行政金獎章。

擁有豐富新加坡高等教育經驗的梅彥昌教授，2023 年出任香港城市大學第六任校長。他如何將新加坡高等教育經驗複製到香港？有哪些地方值得借鑑甚至發揚光大？他如何帶領擁有專注且擅長支持深度科技創業顯著優勢的城大，培育出未來領袖人才？

問：

梅校長早年獲新加坡國立大學博士學位，近 20 年先後在南洋理工大學及新加坡國立大學擔任領導職位，兩所大學近年來在世界排名都有突出表現，請問新加坡高等教育有何特色？為何兩所大學都辦得這麼成功？

答：

我在新加坡國立大學獲得博士學位後，在母校及南洋理工大學工作近 20 年。回顧我的學術生涯，肇基於我在澳洲修讀本科時的留學經驗。當時我專攻工程學，但我在上了兩堂超過 200 人的傳統課堂後，便感到有點索然無味，難以持續。直到有一天，我無意中走進了一間只有約 12 人的小教室，一位身型高挑的教授正熱烈地講解飛機機翼，讓我感到驚奇的是，那機翼竟然可以彎曲！那一刻，我被深深地震撼和吸引，彷彿發現了一個全新的世界！

正是那一次的偶然相遇，改變了我的一生。我毅然決定轉入材料科學學院，為日後在生物材料領域的研究奠下基礎。這段經歷讓我深刻體會到，真正的學習源於興趣和熱情，而富有啟發性的教學方式，能夠激發學生潛能。這也影響了我日後在教育和領導崗位上的理念。

新加坡高等教育的成功之處，在於政府的強勢領導和對教育資源的集中投入，更重要的是，政府將人才的引進和培育置於核心地位。我在南洋理工大學擔任材料科學與工程學院院長期間，對此有相當深刻的體會。我剛加入學院時教師隊伍不到 40 人，我相信只要努力在全球延攬最頂尖的人才，一定能在十年內將學院帶入世界前十的行列。果不其然，材料科學與工程學科的排名在短短幾年內便攀升至全球第八，再次印證了我早年求學時的感悟：優秀的人才是提升學術水平和大學排名的關鍵驅動力。

我認為，大學在整個創新科技系統中擁有兩大核心優勢，那就是「人才」和「知識產權」，我們必須充分利用好這兩大優勢。在擔任新加坡國立大學常務副校長期間，我主導推出了「畢業生研究創新計劃」（Graduate Research Innovation Programme），如今已成為新加坡最成功的深度技術初創企業支持計劃，應用深度技術的初創公司數量在三年內增加了四倍。

貢獻國際高教經驗 帶領城大成為科研先鋒

問：

新加坡高等教育的成功經驗有哪些地方值得香港借鑑？

答：

新加坡是一個高度國際化的國家，致力建立世界級的研究生態系統，這對於培養年輕人的全球視野至關重要。他們積極尋求國際合作夥伴，拓展學術和研究的全球網絡，為大學的發展注入活力。新加坡政府對高等教育的長線投資力度也非常大。

香港在高等教育的管理模式上也有其獨到之處，例如新加坡的大學由政府主導，而香港則透過大學教育資助委員會撥款予八所資助院校，這是一個非常明智的做法，其靈活性和自主性反而值得新加坡參考。更重要的是，香港同時享有背靠粵港澳大灣區和祖國，具備與國際緊密聯繫的獨特地理優勢，更沒有其他地方像香港一樣，擁有五所同時躋身 QS 世界大學排名百強的大學。

「香港在高等教育管理模式上有獨到之處，其靈活性和自主性反而值得新加坡參考。」

雖然新加坡近年在發展創科方面取得了令人矚目的成就，已成為國際重要的高科技製造業中心，但我對香港的潛力充滿樂觀。我更傾向於關注香港所擁有的優勢，香港擁有五所世界排名前 100 的大學，新加坡只有兩所，這是非常了不起的成就。我相信，憑藉香港卓越的高等教育基礎，完全有能力在創科領域迎頭趕上，取得成功。

問：

梅校長被譽為是新加坡把生物材料應用到醫學器材的始創者，擁有 127 項原創專利，請介紹你的研究方向及影響力，出任城大校長後是否仍持續做研究？

答：

我的研究主要集中在生物材料應用，融合材料科學、生物工程和醫學等多方面知識，以開發創新的醫療解決方案，是跨學科領域。2013 年對我來說是意義非凡的一年，那一年，我非常榮幸地獲得新加坡科研界最高榮譽——總統科學與科技獎，這份肯定對我及當時的研究團隊來說是莫大鼓舞。同年，我也獲頒倫敦帝國學院醫學院院士銜。

2014 年，我與研究團隊成功研發出利用納米結構技術傳遞藥物，以治療青光眼可能導致失明的技術方法，這項研究成果再次獲得了新加坡總統科技獎。同時，我也積極參與可定製的疝網等醫療器械的研發工作，為患者提供更具個性化和更有效的治療方案。為了將這些研究成果真正轉化為實際應用，惠及更多患者，我也創立了數家初創公司，致力將實驗室中的研究成果產業化。

我從小就很喜歡研究新鮮事物，記得小時候第一次收到一架玩具車時，我第一時間就把它拆開來研究，想知道它的構造和運作原理，這個過程比玩玩具本身更令我着迷。少年時期我最喜歡去圖書館，什麼類型的書我都讀，我相信，只要對世界充滿好奇，研究的熱情便會一直都在。

最近我和城大知識轉移處處長吳振富教授共同領導的「PRISTINZ 防熱玻璃」研究項目，在第 50 屆日內瓦國際發明展上榮獲特別獎和金獎，我自出任城大校長以來，一直全心投入推動城大整體的科研成果轉化工作，期望在未來五年內，將城大打造成區內以至全球科研創新領域的先鋒。

打破學科壁壘 推動跨領域研究

問：

你擔任城大校長快兩年，怎樣評價這所年輕大學的表現，有哪些領域最突出？

答：

城大是一所充滿活力的年輕大學，潛力無限。我上任以來，已走訪包括英國、法國、比利時、匈牙利、「一帶一路」沿線國家（例如哈薩克、印尼及越南）等世界各地的頂尖大學，致力和全球

自梅彥昌校長上任以來，城大積極加強與全球頂尖學府的聯繫，已訪問超過 30 所世界一流學府，足跡遍及東西方各地，涵蓋「一帶一路」沿線地區，致力為城大師生提供多元的學習環境及教研合作機會，拓闊視野。

學術及研究機構建立夥伴合作關係。

我亦重視招攬教研人才加入城大，包括培育年輕學者、引入助理教授席（Presidential Assistant Professor Scheme、校長嘉許學者計劃）及全球研究助理教授計劃等，希望為年輕學者提供資源支援及師友輔導，協助他們開展前沿研究、拓展學術領域，成為未來學術界的領袖。

城大 2025 年蟬聯泰晤士高等教育（THE）「全球最國際化大學」，不僅是對我們過去努力的肯定，也強化了我們持續引領高等教育發展及國際化的決心。目前，城大有來自全球近 100 個國家或地區的學生，教研人員也來自 40 多個國家或地區。在 2025 年 QS 亞洲大學排名中位列亞洲前十強、全港第三，是全亞洲首 1% 的大學，印證在學術水平和國際聲譽方面所取得的顯著進步。

「我們不要做第二間香港大學和香港中文大學，
我們要做獨一無二、領先卓越的香港城市大學。」

我深信，香港的未來發展離不開強大的科創產業，而培養更多具有創新精神和創業能力的人才，是大學的重要使命。城大近年積極成立多個學院及研究院，正是為了打破學科壁壘，推動跨領域研究和成果轉化。我們的目標是將城大打造為年輕科學家創新創業的首選之地。

在科研成果轉化方面，城大在 2024 至 25 年度是本港唯一一所躋身全球獲頒最多美國專利的 100 所頂尖大學之一，並連續九年穩居本地大學榜首。在全球申請的專利技術逾 1,900 項，其中近 860 項已獲得專利授權，範圍涵蓋資訊科技、人工智能與數據科學、材料及物理、生物工程與生命科學以及綠色技術等領域。

城大連續兩年榮膺泰晤士高等教育（THE）「全球最國際化大學」，持續引領高等教育發展及國際化，積極推動香港成為國際專上教育樞紐及打造「留學香港」品牌。

問：

在政府資助的八所大學中，城大的定位及最大的優勢是什麼？

答：

我經常對我的同事們說：「我們不要做第二間香港大學和香港中文大學，我們要做的，是獨一無二、領先卓越的香港城市大學。」

我認為，城大的顯著優勢在於專注且擅長支持深度科技創業。這得益於近年來新設立的一系列前沿學院、研究院及旗艦創新創業計劃「HK Tech 300」。我們知道，支持深科技發展對於城大和香港社會至關重要，而建立世界級的研究生態系統需要時間和資源，才能形成吸引人才和創造投資機會、創造財富的良性循環。

城大擁有多元文化的校園環境、廣泛的全球網絡和合作夥伴關係，頂尖的國際化水平為學生和教職員創造了廣闊的國際交流與合作機會。同時，城大也擔當「外聯內通」的橋樑角色，我們在東莞設立校園，連接粵港澳大灣區及更廣闊的腹地，積極與內地城市和企業展開合作，共同開創新的發展機遇，為區域創新發展貢獻力量。

大學的使命是培養具有創新精神和實踐能力的人才。即使初創企業的道路充滿挑戰，但每一次嘗試都蘊含着寶貴的經驗。我們鼓勵學生和研究人員勇於探索，即使失敗，這些經驗也將成為未來成功的基石。因此，城大將繼續堅定地支持創新創業，培養面向未來的領軍人才，為香港和社會發展作出貢獻。

問：

城大 2024 年剛慶祝成為大學 30 周年，未來五至十年有哪些長遠發展規劃？

答：

城大在《2025-30 策略性發展計劃：創意無限．邁向未來》中，清晰闡述了未來五年的宏偉願景與發展藍圖。希望以「創新展實力」(I In-No-VA-TE) 為核心，全面提升大學在教學、研究、國際合作、人才培養和管治等各個方面的水平，並與國家發展戰略緊密結合。根據以下五大策略性發展方針，引領城大在未來持續追求卓越：

- **創**造氛圍，激發意念（Guiding **I**nspirations）
- **新**設舉措，鼓勵創新（**In**novating Innovation）
- **展**拓網絡，加強聯繫（Expanding **N**etworks & **O**utreach）

- **實**踐管治，秉持謹慎（Maintaining **V**igilance in **A**dministration & Governance）
- **力**徵人才，培育精英（Attracting and Nurturing **T**alents & **E**xperts）

鼓勵創新育精英　提升國際影響力

問：

城大近年很重視創新及國際化，請分享成功的例子？

答：

一所卓越的大學不僅要立足本土，更要放眼全球。因此，城大始終秉持「University」一詞所蘊含的國際性視野，積極鼓勵學生走向世界，親身體驗多元文化，拓展國際視野；同時也敞開大門，吸引來自全球各地的優秀學子來港深造，共同構建一個多元共融的學習環境。

城大於 2025 年 3 月宣佈與劍橋大學攜手，推出兩校亞洲區規模最大全球研究合作計劃。左起：城大校董會主席魏名成（明德）先生、劍橋大學校長 Deborah Prentice 教授及城大校長梅彥昌教授。

梅彥昌校長出席於杭州舉行的「大鯨 AI 峰會 · 零售消費專場」，並為峰會作開幕演講。

為進一步提升國際影響力，城大積極拓展全球合作夥伴關係，與包括劍橋大學在內的眾多世界頂尖學府加強學術及研究合作。近期與劍橋大學達成的全球研究合作計劃，是雙方夥伴關係的重要里程碑，也是劍橋大學在亞洲地區規模最大的博士後計劃，將匯聚兩校的科研優勢，共同聘任博士後研究員，提升雙方的研究能力和全球學術影響力。

「城大旗艦創新創業計劃『HK Tech 300』，充分展現推動科研成果轉化和支持創新創業的堅定決心和卓越成效。」

同時，也高度重視與「一帶一路」沿線國家的聯繫，如與哈薩克國立科技大學建立重要戰略夥伴關係，與哈薩克斯坦共和國科學和高等教育部簽訂合作協議，每年吸引大量優秀哈薩克斯坦學生來城大學習。也與印尼、越南和南非的多所大學簽署合作備忘錄，加強學術及科研合作，希望吸引更多東南亞地區的優秀人才來港深造，不僅促進知識交流、研究合作和文化對話，也為香港培養了潛在的國際人才。

在創新方面，城大 2021 年啟動旗艦創新創業計劃「HK Tech 300」，這項計劃不僅投入了龐大的資金和規模，更設定了在三年內催生 300 間初創企業的宏偉目標，為所有有志於創業的城大學生、校友、科研人員及社會人士提供全方位支持。目前已成功培育超過 900 個初創項目，其中超過 190 間獲得天使基金的投資，在專利產出和應用授權方面取得了豐碩成果，充分展現城大在推動科研成果轉化和支持創新創業方面的堅定決心和卓越成效。

問：

城大如何應對人工智能、大數據等新興技術對高等教育帶來的挑戰和機遇？在課程設置、人才培養模式等方面有哪些創新舉措？

答：

擁抱尖端科技是應對當今世界複雜挑戰與機遇的關鍵，因此，城大成立香港人工智能與科學研究院和計算學院，匯聚來自計算機科學、數據科學、統計學和生物信息學等多個領域的頂尖專家，推動人工智能前沿研究，並探索在不同科學領域的應用，培養引領未來人工智能發展的領軍人才；計算學院則致力提供扎實的計算機科學教育，為學生掌握大數據分析、人工智能算法等核心技能奠定基礎。

人工智能和數據科學等新興技術的影響廣泛而深遠，因此，積極推動數據科學和計算機科學與傳統學科的融合，例如在生物醫學、工程學、商學等領域引入相關課程和研究方向，培養具備跨學科知識和應用能力的複合型人才，讓畢業生能更好地適應未來多元化的工作環境和社會需求，化挑戰為機遇。

城大創立香港人工智能與科學研究院，匯聚來自計算機科學、數據科學、統計學和生物信息學等多個領域的專家，與學術和業界夥伴攜手推進人工智能領域的前沿科研，開創未來。

為培養學生創新思維和實踐能力，城大在人才培養方面，主張學習導向，提倡啟發性、互動性及創新性學習，希望學生不僅能掌握理論知識，更具備將知識轉化為解決實際問題的能力。不僅僅是知識的單向傳遞，更重要的是激發學生的內在學習動力，培育自主學習的能力和終身學習的習慣。我深信，當學生找到真正的興趣和熱情時，他們將會主動投入學習，而不再需要被動地接受知識。

問：

在粵港澳大灣區建設的背景下，城大如何發揮自身優勢，與大灣區內其他高校和科研機構開展合作，共同推動區域創新發展？

答：

香港是連接大灣區與國際的獨特橋樑和樞紐，城大不僅在東莞設置校園，亦積極與內地城市與企業合作，致力促進香港與大灣區內地學生間的雙向交流。

在共同推動粵港澳大灣區建設的背景下，城大正積極發揮自身優勢，與區內其他高校和科研機構展開多層次的合作，如成立城大青島創新中心，在廣州南沙設立聯合研究實驗室等。也積極與灣區產業界合作，共同推動區域創新發展，更廣泛地融入與貢獻於區域及國際的創新發展進程。

內地佈局資源共享　展示香港留學魅力

問：

城大與東莞分校如何資源共享，優勢互補，發揮最大影響力？

答：

城大（東莞）已於 2024 年 9 月正式開學，首次面向廣東、北京等十個生源省份招生，錄取的學生高考成績優異，部分甚至達到中國頂尖大學（C9 大學）的水平，顯示城大對優質生源的吸引力。

香港城市大學（東莞）於 2024 年 9 月 2 日開幕，由梅彥昌校長主講城大（東莞）的第一堂課，歡迎新生加入城大（東莞），勉勵他們積極探索世界，時常保持好奇心，好好享受大學生活。

而城大（東莞）的教學標準也與香港本部一致，期望在未來五到十年，為大灣區乃至國家培養出更多優秀的科學家。

城大（東莞）的設立是城大致力創新、發揮更大影響力的重要里程碑，希望成為粵港澳大灣區及更廣泛地區合作、創造力和跨學科交流的催化劑，一方面吸引內地優秀學子前來就讀，另一方面亦鼓勵香港學生赴內地交流學習，全面推動粵港澳大灣區高品質發展。

問：

香港是否有條件發展為國際專上教育樞紐？城大可以擔當什麼角色？

答：

我對香港成為國際專上教育樞紐充滿信心，城大作為這個充滿活力的學術社群的一分子，也肩負重要責任。香港特區政府對高等教育的投入為大學發展提供了堅實後盾，也為香港高等教育的蓬勃發展奠定了基礎。政府提出的「留學香港」倡議，便是一個極具前瞻性的戰略舉措，為吸引全球頂尖人才指明了方向。

香港作為連接中國內地與國際社會的重要橋樑，向來擁有獨一無二的優勢。城大作為「全球最國際化大學」，自知任重道遠，一方面積極拓展大灣區佈局，如在東莞設立新校區，在南沙建立聯合研究實驗室，深化與區內其他高校和科研機構的合作，也為國際學生提供了更廣闊的發展空間。

另一方面，持續積極參與全球教育推廣活動，與海外大學和機構建立戰略合作夥伴關係，致力為國際學生提供優質的學習和生活體驗，透過全球網絡和影響力，向世界展示香港作為一個卓越留學目的地的獨特魅力。

問：

在世界地緣政治緊張局勢下，城大在聘請國際師資方面是否順利？

答：

儘管當前世界地緣政治局勢仍存在不確定性，但城大在聘請國際師資方面仍保持良好優勢。香港長期以來都是東西方文化交匯樞紐，擁有開放多元的社會環境、健全的法治體系以及高效便捷的生活設施，這些優勢使得香港對來自世界各地的學者而言，仍是個具有相當吸引力的工作和居住地點。

城大作為國際領先大學，學術聲譽和研究實力持續提升，在多

2025 年 2 月 12 日，城大宣佈與洛桑聯邦理工學院（EPFL）共同創立材料科學創新研究院，建設致力於推動尖端材料科學研究的世界一流研究院。

個學科領域取得了卓越成就，尤其是在創新、工程、科學以及社會科學等領域，均擁有世界一流的研究團隊和領先的科研成果。這種學術上的吸引力，使許多國際頂尖學者願意加入城大，與我們共同追求卓越。目前為止已邀請包括哈佛、劍橋、牛津、麻省理工等頂尖學府逾 50 位國際知名學者透過「傑出客座教授計劃」訪問城大。

城大一直都非常重視國際化，我們與世界各地的頂尖大學和研究機構建立了廣泛而深入的合作關係，為吸引國際師資提供了便利的渠道和交流平台。我們將繼續努力，在全球延攬優秀人才，為城大的發展注入源源不斷的活力。

採訪：文灼非
撰文：香港城市大學、何瑞莉
圖片：香港城市大學提供

教研合一　兩校一質
優勢互補　創新無限

——專訪香港城市大學（東莞）魯春執行校長

魯春教授

北京大學力學系理學學士（1984）、北京理工大學力學工程系工程碩士（1987），新加坡國立大學機械工程系哲學博士（1994）。研究領域包括計算力學、高性能數值模擬、計算微／奈米力學、計算生物力學等方向，曾榮獲新加坡高性能計算競賽金獎等。

現並任香港城市大學副校長（內地策略）。曾任南方科技大學副校長兼總務長；新加坡特許工業首席工程師；新加坡高性能計算研究院高級研究員、大尺度複雜問題研究部主任；新加坡國立大學和南洋理工大學兼任教授；沙特阿拉伯阿卜杜拉國王科技大學校長助理、亞太區合作部主任、國際項目部主任。曾參與兩所新型研究型大學的創辦過程，對於大學建設、發展累積了豐富的經驗。

香港城市大學近年來不斷擴展在內地的交流合作，先後成立了香港城市大學深圳研究院、福田研究院及成都研究院。2020年與東莞市政府、東莞理工學院簽署合作辦學協議，成立香港城市大學（東莞），完善大灣區高等教育空間佈局，2024年9月正式開學。執行校長魯春教授接受專訪暢談創立港城大（東莞）的心路歷程及辦學理念。

問：

魯教授80年代在北京完成本科及碩士課程後，為何在90年代初選擇去新加坡國立大學攻讀博士學位，而沒有去歐美著名大學留學？研究方向主要是哪方面？

答：

隨着年齡增長，就會發現人生是無法規劃的。當年我其實也做了去美國留學的各種準備，有一天在北京一個國際學術會議上碰到後來成為我博士學位指導教授的老師，很快就收到了錄取通知，獲新加坡國立大學錄取時，其實我連新加坡在哪兒都不知道，但既然有這個機會就把握住，機緣巧合下就去了新加坡。

我在北大、北理工都是讀力學專業的，畢業後在北理工當了三年老師，然後才去新加坡讀博士，主要做碰撞力學方面的研究。拿到博士學位後，曾在新加坡特許工業擔任首席工程師，在新加坡高性能計算研究院做高級研究員，擔任大尺度複雜問題研究部主任，同時在新加坡國立大學和南洋理工大學兼任教授。

借鑑豐富國際經驗 打造高端人才搖籃

問：

1997 至 2008 年你在新加坡高性能計算研究院做高級研究員、研究部主任，你怎樣看新加坡的科研實力？新加坡政府對高等教育的投入有哪些地方值得香港參考？

答：

早期的新加坡有點類似十年前的深圳，想從人力密集型轉型至高科技產業，所以在科技、研發方面投入很多。記得當時大約是 GDP 的 4%，投入相當巨大，所以後來新加坡在半導體產業等方面的發展還不錯。當時我在 IHPC（Institute of High Performance Computing）——高性能計算研究院，是類似科學院的機構叫 A-STAR 轄下的研究院，主要研究運用計算、數值模擬的方法幫助企業提高生產力。

香港的優勢基本上是背靠內地，香港現在大學排名基本上都很靠前，這是一個非常好的優勢，能夠聚集國際人才，如果能把創新、基礎研究做起來，後面科技成果轉化的市場相較主要依靠東盟的新加坡可能會更加廣泛。

位於香港城市大學（東莞）校園內的國際學術交流中心。（港城大（東莞）提供）

問：

之後你有七年時間，在沙特阿拉伯阿卜杜拉國王科技大學出任國際項目部主任，為什麼當時有興趣去中東發展？當地的高等教育有什麼獨特之處？

答：

這也是機緣巧合。當時新加坡國立大學校長是施春風（Shih Choon Fong）教授，他跟我是同一個專業方向，是國際著名斷裂力學專家，我們很早就認識。施校長回到新加坡之前，長期在美、加求學工作，獲得哈佛大學博士學位後曾在哈佛大學、通用電氣和佈朗大學工作。他本來是沙特阿卜杜拉國王科技大學籌委會成員，後來獲選為創校校長。由於當時沙特國王希望跟中國有高等教育方面的合作，於是我就應邀跟着施校長一起去了沙特，從零開始，從無到有，初期主要着重與亞洲、中國大學的合作，後來逐漸擴展到全球合作。

歷史上阿拉伯世界也曾是學術文藝鼎盛之地，但近代尤其最近這些年在世界百強大學裏很少有中東的大學，當時的沙特國王希望在中東也建立一所有國際學術地位的大學，因此投入了龐大資源創建這所大學，從想法萌芽到學校開幕僅僅用了1000天。發展到今天，沙特阿卜杜拉國王科技大學在一些主流大學排行榜上也已進入世界百強。

「香港現在大學排名基本上都很靠前，這是一個非常好的優勢，能夠聚集國際人才」

過去中東主要依靠石油、能源，現在也希望朝高科技發展轉型，因此從衣食住行各方面提供了全方位配套，希望能吸引全世界的

魯執行校長感謝生命中的因緣巧合，讓他有新加坡、中東及國內豐富的辦學經驗。

高端人才為中東做科技創新。雖然中東因為工資、研究經費較高、招生無限制等誘因，近年來也吸引了不少香港的教育界人士，但香港各方面的配套都已經很充足，大家分別具有不同優勢，很難一概而論。

問：

你離開中國快 25 年，自 2015 年起你回國擔任南方科技大學管理層達八年多，為什麼有這個決定？在擔任副校長五年期間，這所大灣區重點學府有什麼新發展？

答：

2015 年我還在沙特的時候，陳十一到南方科技大學出任校長。他在北京大學力學系讀研究生時，我在同系讀本科，所以那時就認識了，彼此很熟悉。他問我有沒有興趣一起去南科大，共同把南科大發展起來，加上離新加坡的家人也近，深圳氣候跟新加坡也類似，所以就決定跟他一起在深圳工作。

我去南科大的那些年正是該校高速發展的時候，像磁鐵一般吸引了許多院士和各專業高水平的科研人才。初期只有陳校長一位院士，現在已經幾十位了，為南科大高水平的科研成果產出奠定了良好基礎。相較南科大初期招生面臨的種種困難，現在南科大的口碑、影響力早已不可同日而語，2022 年成為雙一流建設高校，學額也是一位難求。

南科大也為中國及香港高等教育培養出多位校長，譬如湯濤教授，他 2015 年加入南科大，2017 年 11 月當選中國科學院院士，2019 年到北京師範大學—香港浸會大學聯合國際學院擔任校長，2024 年 4 月出任廣州南方學院校長；還有香港理工大學滕錦光校長；香港科技大學（廣州）的吳景深副校長、嶺南大學姚新副校長等，我們都在南科大一起工作過。

中央地方全力支持 合力推動高校發展

問：

是什麼原因令你有興趣加盟香港城市大學出任副校長？怎樣看城大這所年輕大學的科研實力？

答：

香港城市大學梅彥昌校長以前在新加坡國立大學擔任常務副校長、南洋理工大學教務長及學務副校長，我們也早就認識。我在南

魯執行校長喜歡接受新挑戰。

科大做副校長時，同時也負責南方科技大學倫敦國王學院聯合醫學院的籌備工作，負責跟倫敦國王學院洽談，而梅校長在南洋理工大學工作期間，也負責與倫敦帝國理工學院的合作聯繫，創辦了新加坡第二所醫學院（李光前醫學院），所以當時我找他請教過很多跟英國大學合作的問題。

當他到香港城市大學之後，因為也負責東莞校區的發展，所以就問我有沒有興趣到城大東莞新校區工作，因為我曾參與過教育部中外合作辦學的評審工作，對教育部在這方面的要求比較了解。所以他一找我，我就覺得籌建新大學好像是我的天命，如果能把城市大學東莞校區建立起來也算是一個人生的成就，這樣就來了。

問：

你是國際上不多的參與了兩所新型大學建校歷程的人士，對於建設新的世界一流大學有非常豐富的經驗，你為什麼有興趣接受創辦城大東莞校區的挑戰？

答：

其實參與不同大學的籌建，包括 2008 年去沙特阿卜杜拉國王科技大學、2015 年去南方科技大學，現在在港城大（東莞）都不是我計劃要做的。在沙特我的工號是 281，也就是我加入時全校還不到 300 人；我在南科大的工號是 576，也算是比較早加入的；在港城大（東莞）我是 60 號，可以這麼說，都是機緣巧合吧。

記得當年新加坡國立大學校長施春風找我去沙特的時候，他說，我們從零開始去創建一所新大學這種機會可遇不可求，你看全世界有多少新大學能讓我們參與其中？就當它是個奇幻旅程吧。當時很年輕，所以很興奮，可以去參與一所大學的創建過程，畢竟在大學做行政跟當教授完全是兩碼事，沙特阿卜杜拉國王科技大學的同事有 100 多個國籍，非常國際化，不同的國家，做事的方式、文化各方面全都不一樣，累積了非常多寶貴的經驗。

「籌建新大學好像是我的天命，如果能把城市大學東莞校區建立起來也算是一個人生的成就。」

我到香港城市大學主要負責內地發展，我對聯繫政府部門與大學教授合作這塊非常熟悉，加上在沙特和深圳積累的比如大學治理、校園建設、學生招生等方面的經驗，我覺得能夠讓港城大（東莞）少走彎路、快速發展。譬如 2024 年 4 月 16 日教育部批准正式設立港城大（東莞），然後我們就開始招生，只有兩個月時間，如果完全不熟悉國內招生體系，不可能在這麼短時間內招到這麼多優秀學生，包括整個審批過程，如果沒有過去經驗的積累，可能需要更多的時間。

人生是無法規劃的，唯一可以規劃的就是做個好人，這是周其

魯執行校長感謝國家和各級政府的支持，以及所有付出及協助過的人，讓港城大（東莞）在短短兩個月內完成招生。

鳳校長跟我說的。很多時候碰到好的機會，抓住了也就走下去了。加上我喜歡嘗試新的東西，特別是有挑戰性的，譬如籌建新大學，人生可能就碰到一次這種機會。當年決定去新加坡也是一樣，那時新加坡剛剛跟中國建交不久，大多數人對新加坡很陌生，但我覺得愈是不了解的地方才愈值得去探索，就像我們喜歡到沒去過的地方旅遊，才能發現不同的風景，所以我覺得有些挑戰值得去嘗試。

問：

從 2019 年 3 月由城大前校長郭位教授率團赴東莞調研，到 2020 年 1 月城大與東莞市政府及東莞理工學院分別簽署合作辦校協議，共同申辦成立香港城市大學（東莞），2021 年 4 月奠基，到

香港城市大學（東莞）於 2024 年 9 月 2 日舉行開幕典禮。（港城大（東莞）提供）

2024 年 4 月正式獲得教育部批准，7 月高考放榜首次招生，2024 年 9 月正式開學，只用了短短五年，期間更經歷了三年疫情，為什麼興建一間新型大學效率會這麼高？

答：

首先感謝國家和各級政府的支持，否則好多事做不成，國家教育部、廣東省政府、省教育廳、東莞市政府包括中聯辦都高度重視學校的創辦，比如省教育廳就是把港城大（東莞）的設立作為 2024 年的主要工作目標。還有二期校區啟動拆遷了附近一些民居樓、加設高速路隔音板等問題，東莞市與市大學籌建辦的領導都花了大量時間跟進各項工作。東莞市委書記肖亞非先生多次來校現場辦公，教育部國際合作與交流司楊丹司長也親自帶隊來校園考察、指導。

21 年 4 月港城大（東莞）舉行奠基儀式，疫情期間建設工程沒有停止，我們 23 年 11 月就搬進來了，也是希望在使用中發現問題及時整改，為 2024 年 9 月開學做好準備。從 2020 年 1 月 6 日香港城市大學與東莞市人民政府及東莞理工學院分別簽署合作辦學協議，到 2024 年 4 月 16 日教育部批准設立，總共用了四年三個月 11 天，作為創建一所大學來講確實很快。

籌設過程當然有遇到一些挫折、困難，但總的來說，如果沒有各級政府的協助推動，不可能這麼快。除了上級機構的支持，當然還有我們自己的努力，遇到阻礙就想辦法解決，愈親力親為得到的支持就愈多，這是我的深刻體會。拿到教育部批文的時候，我反思發現，一路走來幾乎所有部門、所有人都在幫我們，好像愈努力各方支持就愈多，完全是一個正循環。

「學生重視科研創新精神的同時，也增加了師生將科研轉化成實際應用的機會，為粵港澳大灣區的發展做貢獻。」

問：

港城大（東莞）籌建期間，適逢城大校長換屆，郭位及梅彥昌兩位校長在籌建過程中，理念、作風是不是很一致？

答：

2023 年 6 月，我來城大的時候，梅校長已正式接任城大校長，由於我們過去都在新加坡的大學工作過，所以辦學理念很一致。港城大的教研合一，以創新精神專注研究與專業教育兩大領域，致力為全球議題尋找解決方案，並推動有益社會的轉變宗旨並未改變。加上港城大（東莞）校區位於東莞市松山湖科學城，與中國散裂中子源、松山湖材料實驗室和很多創新型企業為鄰，因此，我們會更加着重培養學生的創新能力。

發揮區域產業優勢 科研轉化實務應用

問：

你在建校賀詞表示：「我們致力於創造以學生為主導的學術環境，鼓勵學生探索未知、勇於創新，培養其辯證思維與領導決策力。我們將指導他們將知識和技能應用於解決全球問題，相信我們將培養全球未來的領導者、變革者。」請你分享港城大（東莞）的

港城大（東莞）的辦學使命及理念與香港城市大學並無二致。（港城大（東莞）提供）

辦學使命。

答：

港城大（東莞）的辦學使命跟港城大香港是一樣的，同時兩校在教學質量、學術標準上保持一致，加上學生拿的是香港城市大學學位，所以兩個校區的辦學理念是完全一致的。除了培養學生具有創新、思辨能力，我常跟學生說，大學四年在人生中是一個很短的過渡階段，希望這四年能培養學生具有批判思維、終身學習的能力及好奇、感恩的心，這些都能讓學生在走出校園後終身受用。

問：

港城大（東莞）提出辦學理念為教研合一、兩校一質、創新無限，請作解釋；兩所大學如何為優化粵港澳大灣區高等教育佈局結構、匯聚高端人才、建設綜合性國家科學中心作出貢獻？

港城大（東莞）比鄰國家級大型實驗室，可善用周邊資源開展應用導向的科研。（港城大（東莞）提供）

答：

教研合一、兩校一質就是我們要求兩校教學質量、學術標準一致，由於香港城市大學本身極具創新基因，包括在美國的專利數多年都是全港高校第一，原本希望三年內能培養 300 個初創企業的「HK Tech 300」項目，現在已培養出 900 多個初創企業，所以我們希望港城大（東莞）能延續港城大創新無限這一塊，也鼓勵學生多參加科研活動，這些跟城大九龍塘校區是完全一致的。

香港城市大學是一所相當國際化的大學，2024 年泰晤士高等教育全球國際化大學排名中位列第一。香港由於歷史因素極具國際化優勢，港城大（東莞）有地理位置上的優勢，松山湖周邊有國際級實驗室及眾多大型科創企業，現在的大學既需要大師也需要大型實驗設備，我們的教授可以很方便地帶學生申請使用國家實驗室並與企業合作，學生重視科研創新精神的同時，也增加了師生將科研轉化成實際應用的機會，為粵港澳大灣區的發展做貢獻。

問：

相對與香港浸會大學最早在珠海與北師大聯合辦學，之後香港中文大學在深圳開設分校，香港科技大學在廣州開辦分校，城大開辦東莞分校有什麼獨特之處？

答：

港城大（東莞）極具區域及產業優勢，東莞有世界工廠之稱，港商就有 8,000 多家、台商有 3,000 多家。大學教授做學術研究基本都需要實驗室，做科研的人都想有自己的實驗室，但經費始終有限，不可能自建國家級的大型實驗室，若能來到港城大（東莞），並善用周邊資源開展應用導向的科研，促進產學研深度融合，便能

魯執行校長認為，粵港澳大灣區深度融合發展，對香港成為國際化教育樞紐有很大的促進作用。（港城大（東莞）提供）

進一步協助產業轉型升級，實現大學與地方產業的共同發展。

問：

香港是否有條件發展為國際專上教育樞紐？港城大（東莞）可以擔當什麼角色？

答：

香港具有吸引國際高端人才的優勢基礎，這些高端人才到香港之後如果再加上大灣區的優勢，譬如城大教授可以駐在香港，需要做大型實驗時可以到東莞校區來，很多基礎科學研究沒有這些國家級實驗室的設備是做不到的。還有科研的轉化，東莞這邊有很多科創企業，港商加台商也有上萬家，產業鏈完整，有將科研成果轉化為市場產品的便利條件，這些條件我覺得都在幫香港吸引國際人才，粵港澳大灣區深度融合發展，對香港要成為國際化教育樞紐有很大的促進作用。

問：

在世界地緣政治的緊張局勢下，港城大（東莞）在聘請國際師資方面是否順利？

答：

近幾年因為世界地緣政治緣故，也給學者及學生的國際交流帶來很大影響。對教授來說限制了學術自由的發展，學生留學簽證也受到研究領域影響可能不是那麼好取得。但學術發展不能是封閉的，大家要共同交流、討論才能激發靈感，學術、人才都應該是流動的，我們目前在聘請國際師資方面還比較順利。我認為地緣政治只是一時的，冬天已到盡頭，春天還會遠嗎？相信未來會愈來愈好。

採訪：文灼非
撰文：何瑞莉
攝影：文灼峰

香港浸會大學

人工智能怎樣做到有教無類？

——專訪香港浸會大學衞炳江校長

衞炳江教授

美國光學學會會士、香港工程師學會資深會員、國際電機與電子工程師學會會士及香港工程科學院院士，並獲國家科學技術部批准，獲選加入《國家科技計劃專家庫》。2022 年獲特區政府委任為太平紳士，2023 年出任中國人民政治協商會議第十四屆全國委員會委員。

衞教授在香港大學取得理學士學位，並於美國馬里蘭大學取得碩士及博士學位。他曾於馬里蘭大學從事光纖通訊研究工作，並歷任美國科學應用國際公司物理研究員，以及香港理工大學的系主任、工程學院院長、協理副校長、副校長（科研發展）、常務及學務副校長兼光通訊講座教授。

衞教授是光纖通訊研究的傑出學者，推展多項具影響力研究，致力開拓創新科技，推動研究的轉化應用。曾帶領理大與國際知名夥伴合作推行海外及國家高鐵項目、月球和火星探索，及與波音公司聯合設立航空服務研究中心，進一步發展香港作為世界級飛機維修工程樞紐。亦與英國皇家藝術學院合作，在香港成立人工智能設計實驗室。他出任浸大校長後大力促進藝術科技的發展，其中一個項目獲特區政府創新科技署「創新及科技支援計劃」撥款支持，成為該計劃歷來最大資助金額的藝術科技項目，致力推動香港成為中外文化藝術交流中心。

香港浸會大學屹立香港近 70 年，是一所秉承基督教教育理念的大學，校方在 2017 年公佈十年策略發展計劃，銳意成為國際上舉足輕重的研究型博雅大學。2021 年，光子學研究領域專家衞炳江教授接替榮休的錢大康教授出任校長，履新後積極推動藝術科技、中醫藥、人工智能和跨學科發展，推動研究的轉化應用。他如何看待本港高等教育的發展？浸大如何乘勢發展自己的優勢學科，積極發揮對社會和國家的作用？

問：

衞校長由着重理科的香港理工大學轉任着重博雅教育的香港浸會大學，怎樣為大學注入新思維？

答：

兩校着重的學科固然不同，但行政管理方面相距不遠，我在理大 25 年碰到過的種種問題在浸大同樣遇到。我從事物理、工程研究多年，也相信能夠幫助推動浸大改革與轉變，我常笑言在理大的工作經歷，好像是為當下在浸大的工作做準備。

這個世界可粗分為兩種人：用工具的人與製造工具的人。以我研究的光纖通訊技術為例，這已成為互聯網的基礎，除用於通訊、娛樂等用途，其實藝術文化或中醫藥也可以使用這些技術，例如香港發生第五波疫情時，浸大中醫藥學院就利用遙距診療來贈醫施藥。我常說，我們不創造技術，不等於不使用技術。

善用新科技 促進人文學科發展

問：

學校近年有什麼新轉變，可以與我們分享？

答：

浸大近兩年學術架構變化頗大，例如整合電影學院、音樂學院、視覺藝術學院，成立了創意藝術學院，希望藉此發揮協同效應。我們亦在與同事充分討論，並進行廣泛諮詢後，把文學院和社會科學院合併，成立了文學及社會科學院。

我們很強調跨學科發展，是 trans-disciplinary 而非 inter-disciplinary，有橫向、縱向兩個維度，不同學科的 principles（原理）可以重疊，但研究領域就時常演變。好像我當學生時，人類對物理世界的認知與現在人類對物理世界的認知已大不相同。尤其是 ChatGPT 面世之後，世界被人工智能技術改變得又急又快，幾乎人人都已把 Generative AI（生成式人工智能）掛在口邊。

浸大最近亦發展了一些基礎設施，如視覺化研究中心（Visualization Research Centre）。現在我們經常說大數據，其實大部分人不喜歡看數字，多數人還是喜歡看圖片和影像。試想，五年、十年後觀賞電影的體驗會變成怎樣？觀眾還是被動地坐在大屏幕前觀看影像裏講的故事，還是沉浸在電影當中，觀眾與虛擬世界

視覺化研究中心設有全球首個沉浸式360度LED視覺化影院。（香港浸會大學提供）

互動，共同推動故事的發展？另外，未來的博物館又會不會使用影像來展示展品，以虛擬的方法展示展品的內部結構，甚至可以用AI來做個人導賞，介紹展品，直接解答參觀者的問題？

近十年腦神經研究也變得非常火熱，所以浸大成立了生命科學成像中心，購買了一些先進的腦電圖儀等儀器，用於藝術、商科和心理學研究，將技術帶進這些學科，幫助人文領域發展。

合併學術部門 釋放研究動力

問：

文學院和社會科學院合併也算得上是本地高校的創舉，當中不乏反對聲音，可能他們未必適應到這個轉變，請衞校長介紹一下為什麼有這麼大膽的構思，現在進展如何？

答：

這個想法背後有很多理念：一、兩個學院加起來有12個學術部門，但助理教授以上職級加起來不足 140 人，每個部門平均只有約 12 個人，過於分散；二、因歷史原因，文、史、哲三科不屬同一個學院，彼此交往自然少，所以提出合併的想法。

合併的建議由兩個學院的院長、副院長和部門代表討論，加上超過 40 場不同形式和規模的諮詢，經過一年多取得共識才落實這個做法。討論過程中提出了不少意見和建議，兩院合併的方案也因而做出很大的修改，可以說合併的方案是兩院的同事們一起制定的。討論過程中有同事有疑問，但沒有人激烈反對，有疑問是正常的。正如牛頓提出慣性定律，一切物件要有外力推動才會改變靜止不變的狀態，一般人同樣會害怕，甚至抗拒改變。

浸大文學院及社會科學院在 2024 年 3 月舉辦人文、社會與數字未來國際研討會。（香港浸會大學提供）

「AI 對傳統教學的影響更大，要比 70 年代計算機普及對我們的影響大得多。」

我經常開玩笑說，浸大教職員常常「沉浸」在許多會議之中，兩院合併後可以減省許多行政工作。大部分學者並不特別喜歡行政工作，例如當系主任等，因為行政工作縮減了他們教學和做研究的時間。文學院和社會科學院合併後，就能減少行政工作，釋放同事的時間。浸大商學院較早前由五個學系變成兩個，也是同一道理。

AI 發展樂觀 輔助因材施教

問：

這兩年我們的話題都離不開人工智能（AI），這對香港的高等教育制度有什麼挑戰和機遇？

答：

我相信 AI 對許多行業影響很大，尤其是傳統與文科有關的職業。AI 對我來說，將可以是人類一個很好的幫手，當然現在 AI 在很多情況下作用仍然不大，可能是因為我們還沒想到可以怎樣完全應用 AI。當然目前 AI 的能力還有很多的不足，不過我相信再過三至五年 AI 的能力會變得更加厲害，應用範圍會更加廣泛。AI 對傳統教學的影響更大，要比 70 年代計算機普及對我們的影響大得多。現在我們日常生活中的小計算，大都依賴小型手提計算機，使得我們的心算能力比上一代差，但計算機和電腦同時為我們的社會帶來很大的進步。我相信 AI 一樣會對我們帶來很多的好處。AI 將會取代簡單、重複性工作，讓我們可以專注於只有人類才可以的創意、創新的工作。

那風險或衝擊是什麼呢？就是我們需要面對 AI 帶來的巨大改變。以教學為例，有些學生已經利用 AI 做功課、撰寫論文，這做法明顯是有問題的，因為這樣學生便沒有真正學習到課程安排的知識和能力。但解決的方法不是禁止學生使用 AI，而是教導學生正確地使用 AI，因為學生畢業後要面對的將會是一個 AI 無處不在的世界。

但現在要將 AI 融合在教學裏，所面對的挑戰，是我們這一代的教授是在一個沒有 AI 的世界成長和學習的。一般來說，老師和教授的教學方式是受到他們自己的學習經驗所影響。教授自己當學生時是怎樣學習的，他們大都會用同樣的方式去教他們的學生，並傾向沿用一直用的教學方式，不一定會擁抱新技術而作出改變。而相對地，學生沒有包袱，他們會比較容易接受新事物、新技術。

衛校長希望，AI 從正面角度來看，可以真正幫助普及教育的實踐。

我相信 AI 對教育最大的益處，就是真正能夠實踐普及教育。工業革命批量生產形式的教育制度，歸根結底，是因為教師、教授的成本太高。根據每一個學生的背景、興趣、能力和進度，度身訂做的教育，不但需要一個老師對一個學生的單對單教學，也對老師的教學能力有很大的要求。一對一的個人化教學對教育資源需求的壓力亦很大，所以歷史上只有極少數人可以獲得教育。

當 AI 發展到可以作為一個老師時，個人化的教育便可以實現。而且，AI 老師的教學素質有可能會比一般的老師好。作為一個老師，最不理想的做法，就是當學生有不明白的地方時，就直接提供解決方法。理想的教學方法，是找出學生的錯處並提供足夠指引，讓學生找到 Eureka / Aha! moment（尤里卡效應，指突然理解一個以前無法理解的問題或概念的時刻）。我們常說的「教學」，其實應該改為「學教」，因學生想學，老師才能教導學生。前人常說學生不受教，其實可能只是學生一時不專注，或給某些東西卡住了，好的老師會引導這些學生去學習。

再者人是有情緒的，但 AI 沒有情緒，可以按照學生的學習速度教授，如果將來做到的話，就真的是有教無類了，當然這是烏托邦的想法。很多事情要從好處去看，做得好的話，AI 對整體教育的幫助很大。

問：

我們也樂見 AI 如此發展，因為目前的教育模式似乎面對很多問題，學生對上學沒有興趣，如果真的有一個好的師傅，學生也會很積極地跟着學習。

答：

現在的教育基本上是工業革命留下的 mass production（大規模生產）做法。40、50 年前，因為學位有限，能夠升讀大學的學生大都是很有 drive（動力）的，但 2024 年 49,000 名 DSE 考生之中，約 17,000 多一點有資格入讀大學，即是 DSE 合格的考生當中大部分都能夠在香港資助大學升學。即使無法進入資助院校，也可以升讀私立學校，人人有書讀，但未必人人想讀書，最大的問題是如何令學生真正想去讀書，不是只為了一張文憑而入讀大學。

「我相信 AI 對教育最大的益處，就是真正能夠實踐普及教育。」

結合視覺科技 說好中國故事

問：

你曾提出利用香港大專院校的科研實力，緊密聯繫內地及全球合作夥伴，在香港設立一個科技促進中外文化藝術交流研究院，為什麼你有這個構想？可以怎樣推行？

答：

國家「十四五」規劃給了香港八大中心的任務，裏面比較少人說的是中外文化藝術交流中心。我覺得浸大會是一個很好的推動者，因這切合浸大重點發展領域：一是創意媒體，包括電影、音樂和藝術等等；二是最近加入的人文及文化；三是健康與藥物研發；

四是數據分析與人工智能應用。

我是一個很相信技術的人，譬如要讓外國人了解中國文化，用什麼方法最好？如果還像以前那樣，唸首唐詩、將《清明上河圖》變成簡單的動畫，我覺得那是不夠的，我認為，將中國文化藝術視覺化，才能讓國人甚至外國人容易接觸理解。

參考西方國家，譬如美國透過荷里活電影讓觀眾在不知不覺中認同其自由、民主和個人主義等理念。講故事的手法是很重要的，如果現在仍然用傳統方式去講故事，這一代的年輕人是不會接受的；但若結合 AI 和視覺效果等新技術，相信會容易接受很多。這方面香港很多院校的技術都做得很好。

香港歷史上就是一個中西文化匯聚的地方，是中國獨一無二的城市。雖然回歸之後有些改變，但中國仍然可以通過香港聯通外

浸大交響樂團 2024 年 4 月舉行的周年音樂會以「樂匯中西」為主題，將藝術科技融入音樂表演。（香港浸會大學提供）

國，反之亦然，我覺得在文化和藝術上絕對可以做，所以我才提出這個提議。

最近有位同事建立了「適合中學中國歷史科和歷史科教與學的電子互動地圖：以抗日戰爭期間的香港保衛戰（1941 年 12 月）為主題」項目，將香港淪陷的歷史變成一個電子互動的地圖，深受歡迎。他最初是用傳統的方法表達，但大部分年輕人都興趣不大，所以不斷思考，嘗試用簡單、活潑的方法去表達，最終讓年輕人很感興趣。數碼就是未來，AR、VR 技術會愈來愈厲害，文化也會因表達方式而改變，如果我們不擁抱數碼科技，最終只會失去年輕一代。

社交媒體盛行之下，年輕人很容易看到別人的文化，所以這些不可不做，某程度上是一種防禦。我們經常說我們沒有話語權，原因是別人比我們懂得講故事，通過一些 popular culture（大眾文化）表達出來，向年輕人灌輸一套偏頗的思想和價值觀，覺得某一套做事方法是對的，另一套就不對。

問：

電影《九龍城寨之圍城》反應很不錯，真的可以講好香港的歷史發展，令人對香港已經逝去的文化又有一種追求，是很難得的。

答：

是的。舉例說美國文化不足 300 年，有強烈的個人主義。他們很多電影，到最後說的都是要表達英雄如何拯救世界甚至宇宙。中國文化博大精深，卻往往被形容為極權社會，其實不是事實。你看這麼多億人脫貧，我們親眼在香港見到國家的變化，但西方社會忽視這些事實，這就是別人會講故事的結果。

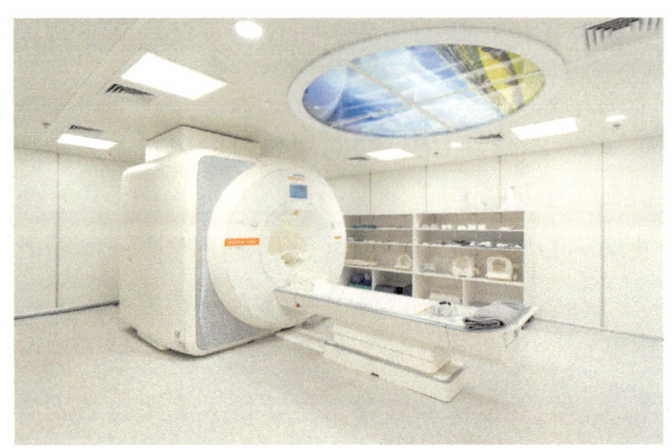

生命科學成像中心的「磁力共振成像」掃描儀。（香港浸會大學提供）

成立國家研究中心　推動中醫國際化

問：

2024 年兩會期間，校長提出成立國家中醫研究中心，希望結合國家和香港的力量，推動中醫的現代化、標準化和國際化。這個建議是怎樣想出來的？浸大可以發揮什麼影響力？

答：

2021 年 6 月，浸大獲得香港首家中醫醫院的營運權。醫院有 400 張病床，規模不大但身負重任，包括成為中醫藥發展的旗艦、做中醫藥的轉化者，以及推動中醫標準化和國際化。我認為，如果中醫要「走出去」，必須通過中國和香港文化。

傳統中醫相較西醫的最大問題，在於沒有一個所謂科學的統計方法，因中醫強調個人化治療，依病人體質個別施藥，醫師的用藥方法也十分個人化，在處方和藥量的增減上，不同的醫師差異有時會很大。西醫較系統化，獲美國食品和藥物管理局批准上市的藥品逾兩萬種，但中醫藥方卻多達十萬條，兩者各有優劣之處。

我覺得，若要讓中醫國際化，就要用世界其他地方接受的方法推動中醫研究，而香港是最適合開展這方面工作的地方。所以我提出這個方案，希望利用香港特殊的地位和先進科技，證明好的醫學沒有中西之分，中醫有助醫治和紓緩長期疾病癥狀，就像物理也沒有中西之分一樣。

問：

你也提出在大灣區建立一個國際中醫藥研究現代研究試管中心、中醫臨床研究大灣區聯盟等，你認為香港怎樣擁抱大灣區的優勢？

衛校長認為，大灣區在許多方面有足夠充分的研究數據，香港須聯同灣區發展才容易成功。

答：

香港有三間大學提供中醫課程，但因為歷史因素規模都很小。教資會於 2022 至 25 學年期間，每年提供撥款資助 70 個中醫學額，但西醫卻有 590 個資助學額，重西輕中的現象非常嚴重。相反，大灣區內有很多著名中醫藥大學，我們中醫藥學院的教授大部分都是內地訓練出來的，目前大灣區約有 8,600 萬人口，在許多方面有足夠研究數據，不聯同大灣區發展，很難成功。

「若要讓中醫國際化，就要用世界其他地方接受的方法推動中醫研究，而香港是最適合開展這方面工作的地方。」

問：

香港幾家大學都有興趣建立醫學院，你則建議成立中西醫學院，為何有這個構想？

答：

中西醫兩個系統真的很不同，即將落成的中醫醫院強調兩者協作，但中醫在目前的制度下有不少限制，會碰到許多問題。例如以往中醫師無法發出病假紙，爭取了很久才獲得批准；目前中醫師也無轉介權，無法為病人開照 X 光、磁力共振的轉介信。如果中西醫對治療看法不一時，怎樣處理？所以我們很需要擁有中西醫兩種訓練的人才。我們和內地正在討論是否有機會成立一家中西醫協作的醫學院，最重要是怎樣設計最適合的課程，如果將來的畢業生中西醫兩個系統都不承認資格的話，畢業生沒有出路，就無人就讀。

校園空間匱乏 窒礙大學發展

問：

許多專上院校均表示，有興趣在北部都會區設立新校園，浸大這方面有什麼計劃？

答：

目前浸大嚴重欠缺土地，已經窒礙了大學的發展，只要有地方即可，不一定要搬至北部都會區。若有良好的交通配套，我也願意搬遷整個校園，最好能提供五倍大的地方，我們希望新校園能做到四年四宿。

至於是否要在市中心保留據點，其實不一定。我一直以來都強調同事之間要多些跨學科研究，如果只將某學院分出來，很容易阻礙交流。當然這不是我個人能決定，如果有需要的話，我們也可以在市中心租賃地方予 MBA 等課程使用。

問：

香港有沒有條件成為國際專上教育樞紐，浸大在這方面又可以擔當什麼角色？

答：

相較其他地方，早年香港移民政策扣得很緊，這幾年放鬆了，如果你在香港讀一個完整大學或以上學位，你就可以在本地合法居留兩年，最近甚至擴大涵蓋香港教資會大學在內地分校畢業生，在這方面香港已經做得很好，唯一的障礙可能就是學生宿位不足。

衞校長認為，浸大在電影、音樂、傳理等非主流課程上做得較好，有信心可以吸引這方面的人才來香港。（香港浸會大學提供）

其實香港每間大學都做得很好，教育產業大有可為，當然也要維持品質，不可以出現濫發學位等情況。八大院校的課程較傾向科技，醫學院最能吸引人才，浸大在非主流課程上做得較好，譬如電影、音樂、傳理，我們絕對可以吸引這方面的人來香港。

問：

在目前世界地緣政治的局勢緊張下，浸大在海外聘請人才、吸引學生有沒有遇到困難及挑戰？

答：

我未見到有影響。或許有些人因為 2019 年的情況或新冠疫情而離開，但因為浸大並不是那麼強調技術，沒有研究晶片或量子計算等高端科技，所以請人或留人都不成問題。我反過來覺得現在國際的情況也是一個機遇，因為海外很多人都能看到，國家和香港是有很多發展機會的。

採訪：文灼非
撰文：蔡寶瑤、劉思銘
攝影：文灼峰

辦好一所創新的研究型博雅大學

——專訪嶺南大學秦泗釗校長

秦泗釗教授

北京清華大學自動控制系科學學士、碩士，清華大學自動化哲學博士，美國馬里蘭大學化學工程博士。歐洲文理科學院院士、香港工程科學院院士、美國國家發明家科學院院士、國際自動控制聯合會會士、美國化學工程學會會士和電機電子工程師學會會士。

曾任艾默生製程管理公司首席工程師；德克薩斯大學奧斯汀分校助理教授、副教授、教授；美國南加州大學 Viterbi 工程學院 Fluor 教授；香港中文大學（深圳）副校長及校長講座教授；香港城市大學數據科學學院創院院長及數據科學講座教授。研究涵蓋數據科學與分析、機器學習、過程監控、模型預測控制、系統識別、智慧製造、智慧城市和健康預測性維護。曾發表超過 470 篇國際期刊論文、書籍章節、會議論文，並擁有 12 項美國專利發明。

是大中華區首位也是唯一一位同時獲得 AIChE 計算與系統技術學部（CAST）計算與化學工程獎、IEEE 控制系統學會技術轉化獎的學者。

秦泗釗教授為國際知名工程和數據科學專家，於自動化、工程、技術和數據科學等領域的開創性研究工作備受國際推崇。理工科出身的他，2023 年出任以博雅教育聞名的嶺南大學校長，引發外界關注。他如何帶領這個擁有百年歷史的名校再創新局？面對複雜的國際地緣政治，在號召國際人才上有無阻礙？

問：

從清華精英到負笈美國進修，之後在美國企業及大學任職多年，是什麼原因吸引你到中大深圳分校出任副校長？為何在 2020 年決定移居香港，出任城大數據科學學院創院院長？兩個職位任內有什麼新猷？

答：

我是 1979 年大陸恢復高考後第三屆參加高考，16 歲進了北京清華大學，在清華讀了五年本科、三年碩士研究生取得自動控制系科學學士和碩士學位，之後讀了兩年博士取得自動化工學博士，又於 1989 年秋天去了馬里蘭大學，花了兩年半時間取得化學工程博士學位。那時中國科研水平相對很低，通常要遲兩三年才能拿到國外最新科技資訊，所以很多年輕人都想出國去學最新、最先進的技術。

畢業後很幸運進入艾默生製程管理公司擔任主任工程師，但我的理想始終是想去大學當教授，所以在工業界做了三年之後，1995 年就到德克薩斯大學奧斯汀分校擔任教授，前後待了 12 年。2007 年至 2019 年轉到南加大出任工程學院教授及副院長。但這中間，我曾休假三年，到香港中文大學（深圳）擔任副校長及校長講座教授。直到 2020 年 1 月，決定移居香港，出任香港城市大學數據科學學院創院院長及數據科學講座教授。

把最先進科研知識帶回亞洲

過去，我在中美兩國接受了非常好的高等教育，也累積了相當程度的科研素養及訓練，近一二十年見到愈來愈多中國年輕人出國留學，加上近年受到地緣政治影響，年輕人要找到適合自己的學習環境更加困難。因此，我覺得我們受過良好訓練的這群人，有責任將這些經驗、經歷、體會，以及國外最先進的科學知識帶回中國，幫助下一代創建科研平台，甚至吸引海外學者回國任教。所以十年前我決定回到亞洲，到中大深圳及香港城市大學任教並從事學術管理。

2020 年，香港城市大學邀請我出任數據科學學院創院院長，對我來說，是一個挑戰，也是非常有吸引力的機會，我覺得這件事有很大的前景。2024 年城大把數據科學作為一個獨立學科參加了全球 QS 排名，結果全球排名第 39，在城大所有學科中排名第一，這當然不是我一個人的貢獻，而是大家一起努力的成果，我更相信我五年前做的選擇是絕對正確的。

理工科出身的秦校長，2023 年出任以博雅教育聞名的嶺南大學校長，他覺得有責任將自己這一代的所學所聞，幫助、傳授給下一代。

問：

你早期在清華研究自動化，在美國深造研究化學工程，是什麼時候開始專攻數據科學？為什麼會有這些轉移？

答：

我在清華讀博士的時候，就對神經網路很感興趣，但那時國內對國際資訊的獲得都非常有限，正巧馬里蘭大學系統科學中心有一個研究範疇就是這個，於是我便去念了博士。畢業後到工業界，到德州大學，做的都是數據分析方法、大數據，可以說我的研究範疇一直都緊跟着這些趨勢。

「博雅教育是嶺南大學的根本，但內涵是要與時俱進的。」

由於美國的大學在學科劃分上有十分嚴格的傳統，人工智能、數據科學再過五年都不一定能成為新的學院。因此，當香港城市大學計劃成立數據科學學院，對我來說是一個非常好的實現夢想的機會，所以我就欣然接受來了香港。

問：

嶺南大學過去幾任校長都是經濟學家，也並非理工科系的大學，有哪些地方吸引你答應接受校長職位的新挑戰？你計劃如何說好嶺南大學的故事？

答：

嶺南大學有 135 年歷史，在 100 年前曾經有理科教授任校長。嶺南的過去與我的母校清華大學有類似的背景，譬如都經歷了清末、民國、共和國三個時期，也都跟美國有一些關聯，這個歷史背景反映了中國人在教育上鍥而不捨的精神，無論遇到什麼困難都不會放棄高等教育。

但嶺南在發展過程中遇到的困難比清華更多，因為它 100 年間一直是一所私立大學，到 1991 年前幾乎都是靠民間力量辦這個大學。另一方面，1952 年內地大學因高等院校院系調整，嶺南大學併入中山大學，清華大學被調成理工科大學，文理法學院都到北大

嶺南書院 1967 年在香港復校，1999 年正名為嶺南大學。（嶺南大學提供）

去了。但嶺南的師生及校友從未放棄，1967 年在香港復辦嶺南書院，1978 年改稱嶺南學院，直至 1999 年正名為嶺南大學。

博雅教育與時俱進新舊融合

嶺南大學前幾任校長將博雅教育發展得非常好，但到我擔任校長的時候，世界已經變了，最大的變化就是數位化，這個時代每個人都是自媒體，幾乎所有認知、交流都被數位化和 AI 包圍，因此，嶺南大學也必須加強數位化，而這正是我的強項。

博雅教育是嶺南大學的根本，但內涵是要與時俱進的。博雅教育（liberal arts education）經常被翻譯成文科大學，但其實應該翻成文理學院或文理大學。美國領先的博雅教育大學都有理科，所以嶺南會在人文社科的基礎上，建立對應的新學科，讓文、理都得到發展的機會。

2023 年 11 月嶺南大學舉行榮譽博士頒授典禮暨校長就職典禮，正式歡迎秦泗釗教授（後排右二）接任校長一職。（嶺南大學提供）

嶺南目前要做四個融合，歷史上要與過去融合，地域上跟大灣區融合，學術上要文理融合與數字融合，加上嶺南大學有豐富的歷史，因此也計劃成立校史博物館，將優良傳統傳承下去。

問：

陳坤耀教授出任嶺南校長時期很重視與學生的溝通，每天抽空與學生吃早餐交流，你喜歡怎樣與學生互動？

答：

嶺南大學師生關係密切與博雅教育模式密切相關。我們上課是小班教學，師生比例目前是 1:15，博雅教育不僅注重課堂內的學習，更注重課堂外的交流，譬如嶺南大學的校園設計是一個迴廊，讓老師一出辦公室就一定會碰到學生，現在嶺南同學見到我都會跟我打招呼，我可能不認識他們每個人，但我知道他們是我的學生，這個學習、教育是非常重要的。

另一方面，嶺南也讓學生透過住校經驗學習跟人交流相處，現在最新規定是本科生都有超過一半機會住學校宿舍，讓他們通過這個過程，培養自己的性格，甚至願意擔任宿舍長，透過為同學服務的過程，獲得更多學習體驗。

我個人則是會透過各種渠道與學生交流，每個學期我都會安排跟學生一起吃飯，這樣可以直接聽到他們的需求，比如同學反映考試前可否延長圖書館關門時間，以前是因為顧慮圖書館空調噪音會影響周邊住戶，現在就想辦法跟周邊社區協調，在考試那兩周延長開放時間，延長同學溫書時間。

我也會儘量參加同學們舉辦的各類型活動，譬如藝術展覽、本地生與非本地生的互動交流，還有嶺南龐大的校友會活動，都是要持續強化深入交流的。

問：

嶺南大學以博雅教育作為辦學宗旨，你提出博雅教育的特色要融合人文與科學，人文教育走向數字化，做創新的研究型博雅大學，請闡述一下你的理念？

答：

博雅教育概念源於歐美，已有幾百年歷史，以立德樹人為主，專業技術為輔。香港政府在 90 年代決定支持嶺南大學成為公立大學之一，在強調技能訓練的時代，無疑是一個很有遠見的決策。

「AI 技術的發展不應該離人文愈來愈遠，人類應該用高維度去思維、使用 AI。」

博雅教育在技能方面的教育也必須與時俱進，不能讓學生學習很快就會被取代的知識，所以我們必須改變教學內容甚至學科設置。嶺南對這個問題覺醒比較早，也可能我個人對 AI 的理解多一些，所以 2023 年就開設了 GPT 課程，2024 年已成為全校一年級生的必修科目，也成立了數據科學學院，協助其他學院能夠更容易地交叉學習和研究。

博雅教育也強調終生學習，而做研究就是培養終生學習能力最好的方法，所以我認為現在要做的是研究型博雅教育，不僅學生要做研究，老師也要持續做研究，對學習保有好奇心，才能持續不斷地改進、更新教學內容，大學也才能因此保有源源不絕的活力。

最新設立的AI teaching laboratory（人工智慧教學實驗室）。（嶺南大學提供）

強化四大融合 文理平衡發展

問：

你提出嶺大要加強四個融合：文理融合、數字融合、加強與粵港澳大灣區融合、加強與嶺大歷史的融合，有哪些具體計劃？

答：

我們現在已逐步落實這四個融合，我們在傳統的人文學院、社科學院、經管學院之上，建立了數據科學學院，還有一個針對國際頂尖科學家來嶺南短期工作的高等研究院，基本上這幾個部分融合起來，文理這兩個翅膀就能平衡發展。

數字融合則是所有本科生都要學習AI，我們的工作及學習環境也全部AI化，從而提高工作及學習效率。我們也已向教資會提出申請，計劃成立數字科學相關的新課程。

我們現在特別看重大灣區的發展，馬上要建立深圳研究院，跟大灣區的大學也有長短期的合作專案，大灣區的各大學校也差不多都來參訪、深度交流過。

嶺南在 100 年前就是一個文理綜合大學，1920 年代就有農學院，滿足了華南地區對農業的需求，嶺南過去的歷史對我們現在有非常大的啟發，是值得挖掘學習的寶庫，我們會持續推進這四個項目的融合。

問：

人工智能大行其道，對大學本科教育有什麼衝擊？對教學帶來什麼挑戰？教研工作者怎樣才可以更好的駕馭這股發展迅猛的科技潮流？

嶺大學辦 2024/25 學年新生迎新日及開學禮，歡迎超過 1,300 名來自香港、內地及海外的本科生加入嶺南大家庭。（嶺南大學提供）

答：

我認為，AI 技術的發展不應該離人文愈來愈遠，人類應該用高維度去思維、使用 AI，譬如人應該要去判斷 AI 寫得對不對？寫出來的東西是不是完全符合人主觀想表達的東西？如何掌握與 AI 之間的互動？我們在教導學生的時候，要教學生使用與不使用 AI 的分別，即便使用了也必須符合相關規範，這些過程都需要學習和訓練。

問：

你說過中國的數據自成一個系統，不在世界數據大模型中，這對中國未來的科技發展有什麼影響？

答：

這是相當複雜的一個問題，很多中國內地的數據即使在香港也是不能用的，當然數據安全是重要因素。每個國家都會考慮數據安全問題，在西方，數據安全不一定以國界為主，可以以簽約與否作為是否共用的劃界標準，所以數據能不能出境是一件很重要的事。

現在所謂的大模型，都是利用龐大的 data 去支援，這帶來一個重要的問題，假設如果 Open AI 是世界上大家都使用的權威工具，但它的 data 如果沒有中國的數據，怎麼能讓它生成的內容像中國人說的或符合中國的三觀？這就是很嚴重的問題。AI 是否具有偏見，會不會不夠公平？都是使用 AI 做研究時需要考量的。

數據安全是必要的，基本上也牽涉到國家主權問題。但從另一個角度來看，這可能也是一個讓中國的產品成為世界主流的好機會，比如中國的大模型，「一帶一路」國家都可以使用，這樣的輸出可能更容易一些。

秦校長認為，涉及到國家主權層面的數據安全問題，未嘗不是一個讓中國產品躋身世界主流的好機會。

問：

在「一國兩制」下，香港與中國的數據怎樣融通？安全問題怎樣解決？

答：

現在「一國兩制」下哪些資源可以共享，是大家都比較關心的事。在數據安全上的確有相當困難，數據安全和網絡安全最終的關口要設在哪裏？包不包括香港都是很值得探討的議題。

我覺得有些數據可以歸類，比如分五級，一二三類可以直接到香港，四五或更高級別就需要特殊管道才過得來，甚至更普通的一二級可以直接輸出海外之類，我覺得這是有可能的。尤其現在香港要融入國家發展大局，在很多事情上，更迫切希望能有資源共享。當然，另外一個做法是把研究機構設在內地，這也是可行的。

自行培育國際化高才優才

問：

香港是否有條件發展為國際專上教育樞紐？嶺大可以擔當什麼角色？

答：

香港是國際化城市有得天獨厚的基礎，國際化不僅僅是指大學用英語作為教學語言，而是出了校門，在生活各層面都做到才是。我之前曾接觸過香港公務部門，他們的服務對象涵括香港差不多 100 多個不同的民族，裏面還包含不同的宗教、文化，讓非華裔族群也可以幾代人都在這裏扎根，這才是國際化的深度，這一點我覺得紐約都做不到。

香港在教育方面要更國際化，我認為有幾個挑戰，首先是政府需投注更多土地資源，因為香港很多大學均已無擴建空間，需要政府的協助覓地、批地；其次，香港對高端人才的需求和辦國際化大學兩件事要連結起來，香港如何吸引海內外人才來留學？應該是這些留學生畢業後可以就業、生活，美國為什麼能吸引全世界的移民、留學生？就是她有很多工作機會可以吸引人留下。

以「一帶一路」國家的學生為例，他們到了香港除了求學讓自己學問提升，以後的工資收入也一定會比原來的地方高幾倍，所以這方面我們可以好好地去思考，以留學生的角度考量。香港因為人口的自然下降或移出，所以一定需要新血，與其靠在別的地方拿了學位的高才或優才，香港自己培育出來的高才優才豈不更佳。

嶺大舉行卓越研究及知識轉移頒獎典禮，師生同堂慶賀 46 位教研學者的傑出成就。（嶺南大學提供）

問：

嶺大慶祝復校 60 周年，計劃招聘 60 位學者加盟，在世界地緣政治緊張局勢下，你們在聘請國際師資、吸引外國學生方面是否順利？

答：

我們目前已經招聘了約 20 位學者教授，當然挑戰是有的，國際地緣政治雖然有不利香港的地方，但同時也有另外一面，讓我們有機會接納一些願意回來的頂尖學者，香港很容易接納四面八方的人才，是香港的國際化優勢。

2023 年，我花了六個星期時間就從美國哥倫比亞大學邀請了現任嶺南大學跨學科學院院長陳曦教授。他畢業於西安交通大學，後於清華大學獲理學碩士學位，於哈佛大學獲固體力學專業博士學位，是國際公認的材料和力學界新一代領軍人物之一。他在哥倫比亞做了 20 年，因地緣政治影響，他願意回到中國、香港，他到任之後已經為嶺南帶來了十位來自哥倫比亞、哈佛等名校的一流學者。

秦校長認為，香港具有吸引四面八方人才的國際吸引力。（嶺南大學提供）

「香港公務部門，他們的服務對象涵括香港差不多 100 多個不同的民族，這才是國際化的深度，這一點我覺得紐約都做不到。」

香港每間大學對海外人才的吸引力不一樣，我為什麼能說服他來嶺南，他也能說服其他人來，除了香港的國際化，還包括嶺南已從一間偏文科的大學成為文理綜合大學。嶺南的另一優勢是，我們的人事、財務各方面都已非常標準化，加上嶺南很小，不像一般已很成熟的大學有種種規範，可能不太有彈性，但他們的弱勢剛好是我們的優勢，雖然我們的理科有空白，但優勢也是因為有發展空間，就是「你想做什麼你說了算」，相信可以繼續吸引頂尖的學者前來任教。

採訪：文灼非
撰文：何瑞莉
攝影：文灼峰

香港教育大學
University

香港教育的未來與教大息息相關

——專訪香港教育大學李子建校長

李子建教授

畢業於香港大學，英國牛津大學理學碩士，香港中文大學文學（教育）碩士、哲學博士和學位教師教育文憑（優異）。

曾任香港教育大學副校長（學術）、學術及首席副校長、香港中文大學教育學院院長及課程與教學學系教授，亦曾任中學教師及柏立基師範學院講師。曾獲中大頒發校長模範教學獎。

研究範圍涵蓋課程與教學、地理與環境教育，生命與價值觀教育，以及教師發展與學校改進。榮獲聯合國教科文組織區域教育發展與終身學習教席。學術文獻廣獲徵引，入選由美國史丹福大學發佈的全球排名首 2% 科學家名單（學術生涯組別）。並身兼多份本地、區域及國際期刊的編輯委員會成員或顧問。已出版及編輯逾 25 本著作、逾 175 篇學術文章及書章，現為四個叢書系列的聯合主編。

李校長積極參與本地、內地和海外教育以及社會服務，曾出任內地及海外多所大學的訪問、客座及兼職教授。獲特區政府委任為太平紳士。同時為第十四屆全國政協委員。

李子建教授2024年起出任香港教育大學校長，曾任中學教師的他，如何一路做到大學校長？又將如何帶領香港唯一以師範教育為本的香港教育大學，精益求精更上層樓？教大在推動教學創新方面有什麼成果？未來有什麼新的發展方向？

問：

李校長很熟悉香港教育體系，你很年輕就立志想成為老師，可否分享你由中學老師一直努力成為教大校長的心路歷程？

答：

我曾擔任中學老師五年，教過一些學術能力不算優秀的學生。但我有一個很深刻的體會就是：這些學生雖然學業成績一般，但他們有很多才華與潛能。引發我到今天還是常常思考：怎樣可以因材施教？怎樣可以實現天生我材必有用？

教育是一個很重要的載體或一個路徑，甚至是一個事業和志業，讓年輕人能夠發揮所長。很多人知道我在香港大學及英國牛津大學讀的都不是師資專業，作為老師，需要師資培訓。後來我入讀香港中文大學教育學院，陸續取得教師教育文憑（優異）、文學（教育）碩士及哲學博士學位。現在香港教育大學雖然有不同學科，但師資培育仍是相當重要的板塊。就像很多人遇見我，會對

李子建校長在2024年開學典禮致辭時表示，教大一直致力學生在德、智、體、群、美五育的全面發展，相信這樣的教育理念將能幫助學生為國家發展新質生產力、打造教育強國作出貢獻。（香港教育大學提供）

我說任重道遠，更讓我意識到，時刻都要跟團隊加強師資培育的工作。

投身中大 學與教獲益良多

問：

當年港大也有教育學院，你那時為何不在港大讀教育學院，而要在中大教育學院繼續進修？

答：

到中學任教一般需要完成教育文憑（PGDE），當時只能在港大或中大修讀。我因緣巧合進入中大教育學院修讀地理，認識了我很尊敬，也是我心目中很重要的貴人之一——馮以浤老師。他負責地理科的活動，也是這方面的專家，我跟隨他修讀地理教育，畢業後便開始教地理與環境教育。馮以浤老師還有一個關於課外活動的想法影響了我，就是課外活動最好不要跟正式課程掛勾太多，也不要有太多的評估，要讓學生有機會去自由選擇。

問：

之後你在中大任教多年，對你有什麼啟發？

答：

1994 年對我來說是一個重要年份，當時我在柏立基教育學院擔任講師，因為那年五所師範學院合併成為香港教育學院，短時間內難免會面臨一些革新項目。當時教育學院與中大有合作，學生在教育學院獲得文憑後，在中大再讀兩年，就能獲得教育學士學位。這個項目需要一些對師範系統較熟悉的同事，中大便找了我擔任講師，所以我沒有留在香港教育學院，而是去了中大，這也是我的歷史分岔點。

「怎樣可以因材施教？怎樣可以實現天生我材必有用？」

我在任內完成了博士學位及晉升至教授，也曾被聘任及連任院長。這些行政歷練對我有很大的啟發，因為中大是教授治校，每個教授本身都經過專業訓練，他們對於大學發展可能持有一個比較獨特的看法，未必跟我一樣，所以只能採取 majority view（多數意見），給其他同事明白未來的整體發展走向。

其次是，中大那時候比較着重和內地的關係，中大教育學院可

在開學日新生與李子建校長自拍合影。（香港教育大學提供）

說是本地院校中較早和內地的院校有合作的大學。我們今天很多在教育領導行列的傑出校友，都是在中文大學就讀博士時期培養出來的。也因此，培養了我對於與內地的教育發展聯繫較為關心，並且有較好的連結。

第三方面，我也參與了很多大學學校夥伴協作計劃，讓我明白教育學院或者教育學這個領域不能純粹在一個象牙塔裏思考，最重要是你能不能夠和業界、學校一起在課程改革方面努力。

回到教大 把經驗傳承與發展

問：

你在 2010 年回到教大，先後擔任張炳良校長及張仁良校長的副手，請分享跟他們的合作經驗，如何將教大再提升？

答：

這個世界有陰陽之分，或者說事情總有兩面。兩位張校長雖非基礎教育研究出身，曾謙稱自己是「外行人」，但他們的想法可以從多角度出發。我雖然是「內行人」，比較熟悉基礎教育及相關的研究，但也有盲點，所以我也需要同事指出我的盲點在哪裏。一個大學團隊須集思廣益、同心合力地面對困難。

擔任張炳良校長副手時，我經常告誡自己千萬不要為校長增添麻煩，所以我會花較多時間在負責的學術範疇中，因為這是在課程

李子建教授從校董會主席黃友嘉博士（在主席位上）手中接下校長印信，他在致辭時感謝校董會主席及各成員對他的信任，並感謝兩位前校長張炳良教授和張仁良教授為教大的發展奠下堅實的基礎。（香港教育大學提供）

教學中最基本及最要掌握的東西。

譬如張炳良校長剛剛開設創意藝術與文化、全球及環境研究及語文研究等三個新領域的課程時，因為當時的香港教育學院較重視教研並重，我與負責科研的副校長緊密合作，他負責增加研究產量與表現，我則負責確保課程素質，包括聘任老師，希望老師能兼顧教學與科研。之後，我有幸與張仁良校長及團隊一起推動香港教育學院升格為香港教育大學。

「我們身處一個不可預知的世界中，需要怎樣的老師與人才是我們要思考的問題。」

問：

教大是香港唯一一間以師範教育為本的大學，從教院升格到大學之後，也有其他的學科，但都以教育為本。教大在香港的大學中獨特之處在哪裏？又有什麼使命？

答：

「育才弘教，立德樹人」是我們比較重視的。香港教育大學所培養的老師分佈在幼稚園、小學及中學，所以我們的特色是以教育、以師範為本。我認為未來香港的教育事業和香港教育大學的發展息息相關。最近我們強調一個新概念和取向：Education Futures（教育未來），我們身處在科技發達的年代，同時也處在一個不可預知的世界中，有不同的可能性，但始終需要老師，不過需要怎樣的老師與人才是我們要思考的問題。

問：

你擔任副校長這十幾年看到教育大學的成長，為何教大的世界排名能夠穩步上升？

答：

大學排名雖是外在評價，但也愈來愈受重視，因為這是吸引學生前來就讀的原因之一，他們會看學校的課程素質如何。而反映素質的準則不外乎畢業生的工作行業、畢業生的聲譽、國際排名、科研能力及教學人員。香港教育大學暫時參加了 Quacquarelli Symonds（QS）的學科排名，未來也會考慮參加其綜合排名，以及泰晤士高等教育（THE）世界大學在可持續性的排名。不同的排名榜着重的地方不一樣，但共同之處是着重科研。教大同事的科研能力相當不錯。

由於 QS 較為強調就業能力，我們的畢業生主要從事教師工作，若參與的行業範圍太窄，對評分有不利影響。而排名之中有兩項指標對我們來說很重要，就是教學人員的素質與科研。所以科研也要做得好，同時也會參考其他指標去展示我們的多元性。

問：

經常說香港有五間大學打入世界 100 強，就排名而言會不會對教大不太有利？

答：

我們正逐步開辦與發展各類課程，例如環境科學、語文研究、創意文化、媒體與文化教育、藝術及體育等；現在大學比較強調跨

李校長表示，教大從 2023 年已經開始着力發展人工智能和教育科技。

學科發展，所以我們也要在教育多個學科裏再拓闊跨學科的發展。

問：

外界很容易以為教大只是做教師培訓，其實你們這十幾年已經發展了很多非師範的學科，現在最新的情況是什麼？

答：

我們 2023 年已經開始着力發展人工智能和教育科技。人工智能是我們要面對的新事物，所以聘請了很多專家開發這個課程。我們也一直思考科技如何應用在教育之中，例如教育與腦科學。人類的學習和思維過程與腦科學的發展很密切，所以我們亦嘗試開辦有關腦神經科學相關的課程。

我們亦開辦高級公共行政及領導力碩士課程，及一個關於高等教育的課程；未來亦可能會在原有的教育學、心理學或相關領域的基礎上，在創意藝術、媒體及體育科目方面再做發展，這在某程度上也是剛才提及的教育未來。另外，我們亦新開設了一些中心與研究所，例如：國家安全與法律教育研究中心，這些中心與研究所規模比較小，但較一個學系專精，焦點比較清晰。

着重師德 個人修養需從小培養

問：

過往 A-level 課程有多一年時間讓學生更清楚自己的志向，現在 DSE 課程的學生 17、18 歲就要入讀大學，其實他們是否可以確定將來要做老師呢？

答：

在香港要想成為老師有兩個途徑，教大比較多的是提供教育雙學位課程，學生需要五年時間獲得本科學位及教師資格；另一種途徑是，先在大學完成任何本科學位，若想成為老師，便要修讀教育文憑。兩種途徑的要求是不同的，我們比較重視的是學生本身對教育的熱情與興趣，以及自己為投身教育事業所做的準備。

教大也很重視中學校長推薦計劃，對於我們看重的學生有沒有興趣成為教師這一點，他們的老師與校長比較能夠辨別，通過觀察同學喜不喜歡接觸學生，來判斷是否適合擔任教師。我們會約校長推薦的同學面試，考慮其表達能力、對教育的取態與看法等，來判斷同學是否適合成為一名教師。

問：

社會對老師的期望很高，我知道李校長很重視師德，你認為一位有師德的老師是怎樣的？

答：

我認為師德由三個部分組成，環環緊扣。第一是專業性，作為一位專業老師需要遵守專業守則，因為學生都比較年輕，容易受老師影響，老師的教學方法好，就會對學生有正面影響，不好的話學生可能會認為很悶，甚至不想上課。第二是個人修養，這點要不斷強化；我們經常要提醒同學注意，成為老師後更要謹言慎行。第三是價值觀，因為政府要在學校推行國家安全教育、愛國主義教育，他們也需參與其中。

問：

如何培養個人修養？

答：

做教育工作就是儘量提供有利的環境給學生，譬如我們常說香港背靠祖國、聯通世界，我們同學就應該認識內地，先回大灣區看看，不要只靠自己想像，要親身去認識與經歷。除了認識祖國，還有認識「一帶一路」國家與西方國家，課程結構中包含中華文化、國家安全教育、正向及生命教育等，這些都是大學重視的內容。我們也對準教師進行評估，確保他們的師德達標。當然希望他們往後能不斷進修與自強，超越大學的要求。

教大舉行開學日升旗禮，增進師生家國情懷和歸屬感。（香港教育大學提供）

「師德由三個部分組成，第一是專業性，第二是個人修養，第三是價值觀。」

問：

品德教育如果從小開始培養，你認為怎樣做會較理想？

答：

我認為有三方面，第一是家庭教育，因為孩子最早接觸的人是父母，而父母也受學校教育影響，所以第二方面是學校教育。在學校教育中，要培養一個人，不能只看學業成績與入讀學科，也要看是否能尊重各行各業，這方面靠的是政府，加上一些非政府組織及媒體，三方面互相配合才能有機會解決這種深層次的問題。

灣區發展 希望促進更多交流

問：

很多院校都有計劃在大灣區發展，教大未來在大灣區與北部都會區有什麼部署與計劃？

答：

教大最近與中山大學成立了一個粵港澳發展研究中心，除了進行研究，將來還會合辦不同的活動。我認為大灣區的佈局與融合發展需要多樣化，若只集中發展單項就有利有弊；如果是分散式，多

2024 年 7 月 3 日，教大與深圳市羅湖區教育局簽訂「共同建設創新實踐及科研基地合作」備忘錄，雙方將在教師培訓、科教研究、大學生教育實踐等方面展開密切合作。（香港教育大學提供）

一些子中心與研究合作中心會更好。

另一方面，我認為粵港澳大灣區擁有世界三大灣區的定位，需要大量人才，人才的子女亦需要優質的基礎教育，如果基礎教育做得不好，年輕人才就不會來。而北部都會區的優勢是靠近大灣區，也要思考如何產生一個協同效應。教大要和社區發展緊密相連，可以在北部都會區進行包括特殊教育、專才教育及師資培育等，讓大灣區老師也可以來，當然也要配合政府的規劃。

問：

教大作為大專師資培訓的基地，是否可以走快一點在大灣區發揮香港教育的特色，滿足內地的需要？

答：

同學現在也有機會在大灣區實習，未來亦會成為課程一部分。只要同學願意去大灣區實習，我們便會安排。在大灣區實習對拓展視野很有幫助，是一個很好的經歷。長遠來看，據政府資料顯示，會有相當多的港人子女居住在大灣區城市，未來可能會更多。我們要有比較開放的思維，不論是大、中、小學的師資都協同培訓，互相增益，才是雙贏。

問：

政府希望發展香港為國際教育樞紐，你認為這方面的條件是否已經足夠？教大又會如何發展？

答：

基本條件肯定存在，因為香港已有很多高素質的大學，然而我們需思考如何吸引更多學生前來就讀。近期與校友討論，他們反映香港發展機會不多，配套資源不足，與大灣區聯繫也不夠多。當然校友網絡也很重要，他們能支持大學的發展，而我們也要做好自己，辦好教育的工作。

教大舉辦國際研究生圓桌會議研究論壇暨暑期學校（IPRRFSS），活動吸引了 300 多位來自 19 個國家和地區的研究生、校友和學者參加。（香港教育大學提供）

問：

國際學生收生情況是否理想？國際化程度是否不足？

答：

亞洲國家是我們主要目標，但是不同國家經濟差異也頗大，要吸引他們來香港就讀需要更多獎學金，也要考慮他們畢業後會留下來還是回去發展自己的事業，同時也要做一些課程上的改變與配合。可以考慮拓展多一些「一帶一路」及東盟國家的生源。但國際化需要從幾個維度思考，第一是教學人員是否在不同國家畢業、學習或有科研合作；第二是同學有沒有機會去其他國家交流，或是其他國家的同學有沒有機會來香港，都是需要思考的問題。

產業合作 讓學生有多元出路

問：

最近社會經常討論職業專才教育，教大有什麼配套措施嗎？

答：

無論香港、內地，甚至全世界的職業專才教育都有同樣情況，有一部分同學能力很好，但可能他在公開考試的成績卻一般，這個時候多元升學就能夠幫助他們。我們也思考如何幫助同學一邊工作，一邊在校學習，或是提供能配合香港未來發展八大中心，及促進大灣區發展的課程給他們。

我們亦要思考兩點，第一是同學的能力是否匹配，包括畢業後有沒有工作。第二是未來需要什麼特質的人才，我認為是需要一專多能的特質。世界轉變很快，我們需要有很強的學習及知識轉移的能力，也要學習與人相處。這些能力教大的師資培育中也有涉獵，雖然沒有專門的商科或法律學科，但我們可以透過小規模發展，與其他院校及企業合作互補。

問：

聽聞教大想新增一位負責企業教育的副校長，以往教大和企業的互動好像不算很多，為什麼會有這個想法？

答：

教育、社會和經濟發展是緊密相連，我們希望學生才德兼備，一專多能，我剛才說的一個辦法就是職業專才教育。但另一方面很重要的是，能不能夠跟商業有更多的合作，更多的連結。大灣區有很多商業活動，很多初創企業，希望連結這些和我們相關的領域，因為大學有非師範專業的同學，他們可以有機會去實習。就算是師範專業，將來要教生涯規劃的課程，也可以知道多一點企業發生的事。現在很多大學生有創業傾向，我們應該提供創業教育，鼓勵學生嘗試，讓他們學習。

採訪：文灼非
撰文：李穎晞
攝影：文灼峰

會大學
KONG

香港首間應用科學大學的發展策略

——專訪香港都會大學林群聲校長

林群聲教授

香港都會大學校長及環境化學講座教授。現任香港考試及評核局主席、教育統籌委員會當然委員、北部都會區諮詢委員會委員、創新科技及工業局「傑出創科學人計劃」成員、土地共享先導計劃——顧問小組成員，以及司法人員薪俸及服務條件常務委員會委員。曾任環境諮詢委員會主席，獲特區政府頒授太平紳士及銀紫荊星章。

香港大學學士及碩士，英國謝菲爾德大學博士，於倫敦大學國王學院從事博士後研究。曾任職多所大學，包括香港中文大學和澳洲維多利亞科技大學。在香港城市大學先後擔任多個要職，包括署理副校長（本科教育）、副校長（學生事務）、秘書長、特別項目總監，以及海洋污染國家重點實驗室主任、胡梁子慧教授（理學）及化學系講座教授。

他是環境化學、生態毒理學及環境風險評估領域傑出學者及專家，在國際學術期刊發表超過 500 篇文章，主持超過 35 項環境相關的政府顧問項目，包括有毒污染物對本港鯨豚和水鳥的風險評估。於 2011 年、2012 年及 2019 年三度獲國家教育部頒發自然科學獎（二等獎）。

林群聲教授 2021 年出任香港都會大學（前身為香港公開大學）校長，擁有傑出學術研究背景的他甫上任便積極推動應用研究與專業教育發展，大學同年更名為香港都會大學（都大），2024 年更成為香港首間應用科學大學。他如何帶領都大順利轉型？如何推動都大在學科建設、師資隊伍、科研創新等方面實現全面發展？

從科研先鋒到大學校長

問：

從一位專研環境化學的學者，到 2021 年出任香港都會大學校長，請你分享從事高等教育教研工作 40 年的心得及難忘經驗。

答：

我在英國取得博士學位後，就踏入大學教育與研究這領域。起初，研究純粹是個人興趣，並未感受到發表論文的壓力。但隨着學術環境的演變，不僅需要在國際知名期刊上發表論文，還需要關注這些文章被同行引用的情況。

在從事高等教育與科研工作的 40 年裏，學術界愈來愈注重研究的社會影響力，常思考或被質詢「你的研究對社會有什麼影

林群聲教授是環境化學與海洋科學研究的知名學者。

響？」面對的壓力不斷增加，我也在不斷適應和調整。在港大求學期間，主要研究森林生態；在英國深造時，則轉向運用統計學研究河流生物的遺傳，涉足生態數學統計領域。回到香港後，面對四周環海的地理環境，我自然而然調整了研究方向，近二三十年均專注於環境化學與海洋科學的研究。

2010 年，我有幸擔任香港城市大學海洋污染國家重點實驗室主任。這是一個極好的平台，提供與世界頂尖科學家及國內優秀科研人才交流合作的寶貴機會，而且成功團結來自不同大學的研究團隊，研究視野也不再局限香港水域，而是擴展到全球海洋，包括遙遠的北極和南極，團隊更有機會乘坐研究船前往深海採集樣本，這樣的經歷拓闊了我們的視野和機遇。

由公大到都大 辦學初心不變

問：

由 1989 年創校的香港公開進修學院、1997 年升格為香港公開大學，到 2021 年更名為香港都會大學，以至 2024 年成為香港首間應用科學大學，請談談這所年輕大學在香港高等教育的角色與使命。

答：

1989 年，香港政府借鑑英國公開大學模式成立香港公開進修學院，為在職人士提供一個接受高等教育的機會。這一舉措在當時極為重要，香港公開進修學院首次派發報名表時，現場人山人海，可見其受歡迎程度。1996 年，學院獲授予自行頒授學位的權力，1997 年改名為香港公開大學。

隨着進入大學的機會與管道日益增多，昔日公開大學的遙距

都大舉辦創業日，鼓勵學生積極創新，透過活動展示創新研發成果，並與業界人士交流。（香港都會大學提供）

教育模式相對變得沒有那麼迫切。大學也因應時勢開始轉型，於2001年開始招收全日制面授學生。從零開始至今已發展成為擁有超過15,000名全日制面授學生規模的大學，而於2023/24年度，全日制本科生人數在香港高等教育院校中排名第六。

為了更準確反映大學職能與定位，香港公開大學2021年更名為香港都會大學。此次更名反映大學在功能上的改變，但辦學初心未變，繼續為持續進修者提供教育機會。儘管現在此類學生的數量有所縮減，但都會大學特別成立了公開進修學院，秉持初心，與時俱進，為持續進修的學生提供優質的教育資源。

問：

這所有獨特角色的大學有哪些地方吸引你？

答：

長久以來，我專注於教學與研究，力求卓越。記得當年，我發表了一項研究，找出能夠在容量相當於一個奧林匹克游泳池的水中，檢測出相當於一粒方糖大小的有害物質的方法。那時，我的技術是全球最具突破性、檢測度最敏感的，我深感自豪。然而，僅僅三個月後，日本科學家便發表了更為先進的研究，他們的方法甚至能在1,000個這種規模的游泳池中捕捉到同樣份量的有害物質，這讓我深刻意識到科研領域競爭之激烈與不斷進步的重要。

幾十年來，我始終在這條道路上不懈探索，但隨着年歲漸長，我開始思考退休前的這段時間該如何度過？繼續在當前的領域奮鬥，追求超越與被超越的循環？還是轉向其他領域，開啟新的篇章？

以往曾出任公大的校董會成員，對這所大學有一定認識。適逢

林校長的願景是將都大發展成一所與國內外先進大學並駕齊驅的高等學府。

當時大學遴選新一任校長，加上我一直非常認同公大的辦學理念，就在這因緣際會下，我決定參加校長遴選，希望能夠在落實大學的願景和社會使命方面，發揮作用。

優化教育模式 推動應用科學

問：

出任校長後如何令都大更上一層樓？

答：

都大持續發展，在不同範圍包括學分制度及教學評審程序等，都可進一步優化。在當今發展迅速的教育領域中，若不與時俱進，便難以保持競爭力。因此，我希望對大學進行全面而深入的優化，推動現代化進程。我的願景是將都大發展成為一所與國內外先進大學並駕齊驅的高等學府。無論在管理、學術水平、對學生的關懷力度，以至對社會的服務貢獻等，都能跟其他先進學府媲美。

問：

特區政府 2024 年初提出大力推動應用科學，你覺得這個重大政策的出台有什麼原因？香港過去在這方面的發展經驗如何？

答：

我感受到政府致力推動應用科學大學發展的決心，這一決策源自未來社會的需求。從歷史角度看，應用科學大學在歐洲國家如德國、荷蘭、瑞士、芬蘭等地已成功開辦多年，為社會培養了大量具備高度專業技能和實踐能力的人才，對社會的全面發展起到了至關重要的支撐作用。反觀香港，儘管在科研和服務業領域取得了顯著成就，但在科技創新和產業升級方面，高等教育體系仍需進一步完善。

「我感受到政府致力推動應用科學大學發展的決心，這一決策源自未來社會的需求。」

目前，大型企業普遍面臨技術人才短缺問題，而高校畢業生則常常感歎難以找到與專業對口的就業機會。在兩者不匹配的現象下，應用科學大學的設立顯得尤為重要。通過深化與業界的合作，大學能夠緊密貼近市場需求變化，靈活調整課程設置和教學內容，確保學生所學的知識緊貼時代脈搏和行業發展前沿。

同時，通過引入業界專家參與教學，學生將有機會接觸到最新的行業資訊和技術動態，提升實踐能力和職業素養。大學還可以與企業共同開展科研項目，促進科研成果的落地轉化和應用，並幫助企業培養更多符合市場需求的高素質人才。

香港都會大學 2024 年成為香港首間應用科學大學。（香港都會大學提供）

歐洲國家採取的教育策略值得我們借鑑。通過從中學階段開始對學生進行職業規劃教育，讓他們有機會接觸各行各業，引導學生根據自身興趣和優勢選擇合適的專業方向，在學生選擇專業和出路時，為他們指引路向，提高人才培養的針對性和有效度。

問：

成為第一所應用科學大學後，都大將有什麼新的發展策略？

答：

初抵都大，我便訂立了三大目標，第一，為學生提供優質的高等教育；第二，幫助學生找到富有前景的工作，輔助他們的事業起步；第三，冀望能為社會培養出有擔當、有責任感的良好公民。

在應用科學大學的框架下，我的願景略有調整，第一，仍致力於為學生提供高素質的專業教育；其次，期望能夠輸送更多優秀人才給香港社會，助力其在經濟和社會領域的持續發展。希望通過這兩方面的努力，逐步提升職專教育在香港的地位和社會認受性，往後我們將持續朝着這些目標邁進。

成立大學聯盟 共促多元發展

問：

都大將如何協助政府推動成立香港應用科學大學聯盟？將會邀請哪些大學參加？如何推廣宣傳這個新的教育理念？

答：

要提升職專教育在香港的地位與認受性，但我深知此非獨力可擔，因此倡議組建聯盟，集結理念相同的大學，優勢互補，長遠能夠發揮更大的影響力。都大是香港第一間應用科學大學，亦會出任秘書處，在政府成立的督導委員會指導下，確保一億元的啟動經費使用透明高效。我們願意擔任推動者及協調者的角色，致力協助香港職專教育的發展。

「倡議組建聯盟，集結理念相同的大學，優勢互補，長遠能夠發揮更大的影響力。」

都大希望推動成立香港應用科學大學聯盟，逐步提升職專教育在香港的地位和社會認受性。（香港都會大學提供）。

問：

外國有哪些成功應用科學大學值得香港參考？中國在這方面做得如何？

答：

都大與德國成功的應用科學大學有密切的溝通和合作，並從中汲取了寶貴經驗。德國的應用科學大學雖然名為應用科學大學，但並不限於科學課程，更涵蓋商科、教育、心理學等多領域，旨在培養全方位專才，而且在當地任教應用大學課程的教員均同時具五年以上的相關行業工作經驗。這些做法值得我們借鏡，有助結合學術知識與行業實踐，深化產學合作。

2024 年，都大已投放 5,000 萬資金支持師生創業，以激發學生創新創業的活力。同時，我們留意到內地職專院校在產學結合方面的優勢，這促使我們與理念相近的內地及國際大學合作。我們認為，建立一個跨地區的應用科學大學聯盟很有必要，這樣的聯盟不僅能夠實現資源共享、優勢互補，還能為學生提供更廣闊的實習與交流機會。我們鼓勵學生走出香港，到國內外成熟的產業中實習，拓闊視野。

問：

你剛才提到職業專才教育的概念，與以往的職專訓練有何分別？

答：

專才教育往往被外界簡化為單純的技術學習，如學修車或建築等，這是狹隘的看法。借鑑海外的成功經驗，我們深知，專業知識是必要基石，但專才教育的真正價值遠不止於此。

我們頒授大學學位，意味着我們的責任遠超過傳授單一技能。我們致力培養學生多種能力，包括邏輯思維、分析能力、人際溝通、快速學習新知識、自我評估與持續改進的能力。這些能力讓他們能夠在日新月異的社會中保持競爭力，勇於創新，不斷提升自我。此外，大學非常注重全人教育，為學生提供豐富的學習體驗和全面的發展空間，鼓勵學生參與創業和行業實踐；同時重視道德教育，引導學生樹立正確的價值觀和道德觀。這樣的學生，不僅能夠在專業領域發光發熱，更能夠成為社會的棟樑之才。

都大首辦香港檢驗醫學研討會，教育局局長蔡若蓮博士（中）應邀主禮，並與都大校長林群聲教授（左三）、科技學院院長王富利教授（右三）等人，一同主持都大醫療科學實驗室開幕儀式。（香港都會大學提供）

問：

你覺得香港現在哪一類職業的訓練是最急切需要補充的？

答：

香港在創新科技、資訊科技、酒店管理、醫療護理等多個領域均面臨嚴重人才短缺問題。大學聯盟可資源共享、實現優勢互補。各校專注特長領域，學生跨校學習多元知識，避免資源浪費，學生也能獲得更多學習機會，相信各大學在競爭之餘也有合作空間。

構建國際化教育生態 培育全球人才

問：

香港都會大學對排名是否看重？

答：

2023 年底，香港都會大學首次入圍 QS 亞洲大學排名，這是在我們不知情下被「上榜」的。學術排名機構自行根據其獲得的信息，對都大進行評估。在欠缺大學提供資料的情況下，部分項目被「評為零分」而得出有關排名。

其後，大學決定主動向機構提供資料，以便更準確反映大學的實際情況。我們理解大學排名是無可避免，但它並非我們追求的終極目標，我們不會為了提升排名而偏離我們的發展方向。

問：

香港是否有條件發展為國際專上教育樞紐？都大可以擔當什麼角色？

答：

香港要成為國際專上教育樞紐，不僅僅是學術水平和國際排名那麼簡單。誠然，優秀的學術水平和在國際排名中的良好表現是吸引國際學生的重要因素，但它們只是構建國際教育樞紐的其中一塊基石，真正吸引到全球頂尖學生，本港大學還需要在多個方面下工夫。

首先，語言環境的國際化至關重要，例如校園內的活動海報等宣傳材料的內容只提供中文，這看似是小事，但卻反映了更深層次的文化和語言適應問題。除了語言環境，我們還要在課程安排、教研設備、國際交流項目等方面滿足全球學生的多元化需求。

「真正吸引到全球頂尖學生，本港大學還需要在多個方面下工夫。」

問：

在世界地緣政治的緊張局勢下，都大在聘請國際師資，吸引外國學生方面是否順利？

答：

都大聘請來自世界各地的老師，除了薪酬之外，大學也關注教員的個人需求，如配偶就業機會和子女教育安排，希望提供完善的家庭支持計劃。都大雖不是以研究為主，但通過構建富有吸引力的教學環境和提供研究支持，希望可以吸引那些熱愛教育又願意參與研究活動的教員。

在吸引國際學生方面，都大充分利用香港的獨特優勢，如大灣區的豐富資源和中國文化底蘊，為交換生提供量身定制的文化體驗和實地參觀龍頭企業機會，不僅讓學生獲得寶貴的學習經驗，還讓他們深入了解中國的最新發展。

問：

恭喜林群聲教授續任都大校長，請問你在第二個任期最希望達成哪些目標？

答：

近年來，學校在硬件設施上實施了多項規劃，我們正密鑼緊鼓籌建一座面積超過 30 萬平方呎的新大樓，以擴大校園空間，為學生提供更寬敞的學習環境。此外，大學還購置了物業為學生提供住

預計 2028 年落成啟用的新校舍大樓。（香港都會大學提供）

宿，並正在物色地方設立一個工業中心，為工程及建造學科人員提供實踐基地，加強與業界的合作與聯繫。

在教育領域，大學一直致力於與業界保持緊密合作，希望通過結合理論和實踐的應用課程設置，讓學生們在畢業後能夠順利找到心儀的工作，並建立自己的事業。為此，我們不斷加強師資隊伍，為教職員提供更好的薪酬待遇和工作環境，以吸引更多優秀人才加入都大。

在科研方面，我們集中推動及發展十項策略領域的研究，也取得不俗成績，會進一步在知識轉移和專利申請等範疇作出突破。

問：

發展內地分校有沒有新的進展？

答：

我們原本與肇慶市政府密切商談建立分校，礙於疫情影響，有關計劃已擱置。大學目前正探索與內地院校進行新的合作模式，與不同地區高校進行點對點合作，根據學校的實際需求和發展方向制定合作方案。例如，中山長春理工大學在研究光學材料方面非常出色，我們希望可以和他們有這方面的合作，期待在未來能夠將這些研究成果轉化為實際產品並推向市場；同時，我們與汕頭大學、暨南大學等高校在不同學科上進行探討。相信在不久的將來，這種靈活多樣的合作模式將為香港都會大學帶來更多發展機遇。

採訪：文灼非
撰文：莊曉秋、江婉瑩
攝影：文灼峰

創辦私立博雅專業大學的機遇與挑戰

——專訪香港恒生大學何順文校長

何順文教授

美國西雅圖華盛頓大學文學士、英國倫敦政治經濟學院資訊系統學碩士、英國百蘭福特大學會計與財務學哲學博士。曾任澳門大學副校長（學術）、香港浸會大學工商管理學院院長、香港中文大學會計學院院長。英國、澳洲與加拿大註冊會計師。現為英國、澳洲與加拿大註冊會計師。香港廉政公署社區關係市民諮詢委員會主席和貪污問題諮詢委員會成員、香港企業管治論壇主席。

曾協助聯合國貿易及發展委員會（UNCTAD）國際會計和報告標準專家工作小組，發展國際公司治理及披露指引，並創辦全球首個公司管治與董事學理學碩士課程，在香港舉辦首屆亞太區公司管治國際會議。並推動 15 間世界其他大學公司治理研究中心共同成立國際學術聯盟。

為首位華人獲美國亞斯平學院（Aspen Institute）頒發學界先鋒獎（Faculty Pioneer Award），此獎被《金融時報》視為商學院界的奧斯卡獎。並獲環球商業道德與反貪污機構 Ethisphere 評選為 100 名在商業倫理最具影響力的人物。

香港恒生大學（恒大）的歷史可追溯至 1980 年恒生商學書院。當年由何善衡慈善基金會、何添慈善基金會、大昌貿易行、若干恒生銀行創辦董事及恒生銀行慷慨捐資成立。從 1980 年至 2009 年，恒商的文憑與副學士學位課程在學界及商界甚具口碑，成績斐然。多年過去，如今的恒大與當年的恒商有何變與不變？面對其他私立大學及學生人數的競爭又有何優勢與劣勢？未來發展又如何？何順文校長接受本社專訪暢談其理念與未來擘劃。

問：

1980 年恒生商學書院成立，到 2010 年改組為恒生管理學院，2018 年再正名為香港恒生大學，你怎樣看恒大在香港高等教育的角色與使命？

答：

我擔任香港恒生大學校長已超過十年，回望過去感受良多。2009 年以前香港政府並不鼓勵民間成立頒授學位的高等院校或私立大學，但香港的高等教育需要更多元化，因此，我一直認為香港應有自資且高水準的私立大學。恒生大學的理念是提供一間學費可負擔、高水平且有特色的私立院校，畢業生的水平和其他知名大學

何順文校長於 2024 年迎新活動上與新生打成一片。(香港恒生大學提供)

相近，有競爭力。

香港恒生大學有兩個特色，一是民辦、高水平，二是鼓勵增值。恒大的學生入學時未必是尖子，但我們的信念是增值。教育的成果不是根據學生入學成績或畢業生進入社會後得到什麼工作或薪酬多寡，而是在入讀和畢業之後增值了多少，這是不同的思考和出發點。學生入讀後不斷增值的成績和表現，成為一個具社會價值、追求自己志趣志業的人，便是我們最大的成就。

成為具領導地位的私立博雅型大學

恒大和其他院校在不同領域、學科前沿的表現也不同。香港許多高等院校的研究生比本科生多，但恒大沒有這種情況，我們堅持以本科為主，即便沒有工科、醫科、法律等科系，仍堅持初心，希望是香港素質最高、最具競爭力的本科教育院校之一。

在恒大入讀本科是一個非常好的選擇，因為我們在許多方面都辦得有特色。恒大注重小班本科教育、校園文化、師生關係、教學素質、博雅人文精神，以及與學科之間的融合，也是香港唯一自資院校設有住宿書院制度和培養公共領袖的榮譽學院。到目前為止，香港比較少高等院校能擁有這種靈活性和自由度，持續推動自己的辦學理念。

恒大的「堅守初心」亦反映在學校成員上，校董會、管理層、教師、同學，對辦學的看法相當一致，這也反映了恒大的發展軌跡。私立院校初期最難辦到的就是收生及收入穩定，我們已渡過了這個奮鬥階段，現在日趨穩定，成績表現受到各界認同。我認為，香港的高等院校不只需要理工科研為主的類型，還需要跨學科博雅教育類。我們不鼓勵學生入讀只為未來求職，恒大不是一間職業培訓學校，我們的特色和初心是學生可以找到自己喜歡的出路，在未來生活和工作上能有信心應付挑戰，貢獻社群，從而得到滿足感。

香港恒生大學畢業生就業及升學率達九成。（香港恒生大學提供）

問：

你領導學校由學院正名為大學的關鍵階段，十年校長任內有什麼深刻體會？

答：

恒生在未成為大學時，就一直很受家長、學生、老師歡迎。恒生大學創辦人很重視學生在校時除工作技能，也要學習工作以外的知識，更要學會做人做事的方法。恒大由始至終，在不同階段，教育理念從未改變，我們認為，教育不是只有科研和獲取學位，還強調誠信和可持續發展。這個軌跡並非一朝一夕而成，而是一直存在的文化，只是我們與時並進將它變得更配合現在的社會環境。比如現在有四年制學位，學科的分工也更加精細，但辦學初心不變，希望學生找到自己的志趣，畢業後成為一個有用、誠信、對社群有貢獻的人。

「香港恒生大學有兩個特色，一是民辦、高水平，二是鼓勵增值。」

在香港經營私立高等院校有相當難度，很多人誤會恒大有常規的經費資助，但其實完全沒有，全部營運支出都是依靠學費收入，而大多資本投資則有賴外界捐款，所以我們一定要得到大眾和學生的信任與認同。我們不積極參與大學整體排名，也不吹捧畢業生找到高薪厚職，我們希望給予學生的是良好、正確的價值觀，譬如擁有提升自己的機會和喜歡的工作，不需要和其他人做比較。我很慶幸過去這十年，恒大師生和我們的支持者，給予我們很多空間和自由做這些事，畢業生對母校評價亦極佳。

政府雖聲稱致力平衡發展公立和私立院校，但對於香港本地居民升讀自資高等教育的學費資助政策仍有特殊限制。譬如恒大是私立大學，但因政府對本地生有學費資助，所以政府規定大學不能因本身需要而在通脹水平之外自行調高學費，這種政府監管也讓私校較難增加投資改善設備，甚至員工加薪幅度追及市場水平亦有困難。

另一方面，政府給予本地居民就讀授課式碩士課程的學費資助也只限公校，不給予私校，私校錄取內地生也比公校有更多限制，處處顯示政府政策對私校發展的不公平，也缺乏視野和理念。我相信恒大的摸索及經驗能分享走過的路，希望其他後來的私校可以不需經歷同樣的崎嶇，相信這個過程可以更體現恒大堅毅不屈和靈活創新的價值。

獨特的「博雅＋專業」教育模式

問：

香港目前已經有三所自資大學，另外還有幾家學院爭取升格為大學，私立大學的發展前景如何？

答：

恒大與其他自資院校有各自不同特色，我們走「博雅＋專業」路線，其他院校大多偏向職專應用路線。恒大偏向美式博雅教育，雖然我們很多主修課程都有專業應用元素，但我們不是訓練學生畢

何校長指出，恒大偏向美式「博雅＋專業」路線，與其他院校職專應用路線不同。

業後如何找到一份最貼近主修學科的工作。這個世界變得太快，許多工種更迭迅速，我們認為擁有可轉移核心能力、良好工作態度和專業精神才是重點，同學們將來無論從事什麼工作，都需要懂得思考、溝通、創新、關懷和社會責任。

「我們希望給予學生的是良好、正確的價值觀，譬如擁有提升自己的機會和喜歡的工作，不需要和其他人做比較。」

恒生大學的專長是商科管理，如果以本科學生人數計算，我們現在是香港最大的商學院，也是全球 6% 獲國際商學院促進協會（AACSB）認證的商學院之一，無論學科選擇或國際認受性都相當高。我們在 2013 年就引入全地區首個數據科學主修，因此靈活性、學科創新、教學素質的口碑都不錯。近幾年畢業生對母校的評價和僱主獨立調查的回饋都很正面，這對我們來說就是一種肯定。

即使香港多幾間私立大學，相信他們的學科配置和格局模式，也會和恒大不同。恒大學額有限，所以只能擇優錄取。我們會選擇適合我們的學生，考慮因素並非只有學術成績，而是入學動機，是否認同我們的教育理念，將來可以為社會帶來什麼影響和貢獻等等。

問：

近年本地升讀大學的學生人數不斷下降，對自資院校有什麼影響？

答：

近年本地本科生入學人數因人口結構改變的確有下降，但我相信已跌至最低位，移民潮逐漸消化完畢，我相信入學人數將會趨於穩定。近幾年因為中六學生數量下降，我們錄取了較多高年級學生，也給了更多機會給轉校生及外地生，內地生和東南亞學生的人數每年增加，也令校園更多元化。恒大一直鼓勵學生背景多元，確保我們的素質不會低於香港其他院校並擁有自己的特色。

恒大近年開辦授課式碩士課程，非本地生入讀人數大幅增長，但仍應付不了內地學生希望入讀的需求。以往我們並不積極開辦碩士課程，但現在可能會加快這一部分的規劃。這類課程除可填補本地本科生下跌的情況，也會滿足更多的市場需求。

近年內地生增加，我相信正面影響較多，因為內地最接近香港，香港高校的水平舉世公認，在文化上同樣有優勢。香港本身已經夠國際化，中西合璧，也有本土的創新元素，同學可以修讀完畢再思考去留。近年因為地緣政治的關係，很多同學從美國回流香港，或取消留學美國的計劃，令更多內地生入讀，地區化和國際化都是我們的目標。

香港恒生大學每年舉辦君子企業獎，鼓勵香港企業採取具君子風範的營商手法，並促進企業提升商業道德水平，2024 年是第十三屆。（香港恒生大學提供）

問：

你一直強調恒大走「博雅＋專業」的路線，成效如何？

答：

在美國入讀私立博雅院校的學生，很多並不打算畢業後立即進入社會工作而繼續進修碩士課程，但香港不一樣，我們九成學生讀完本科便進入社會工作。以往美國的博雅院校都是家境較好的學生入讀的，學科偏向文理社科，但過去十多年，連美國歷史悠久的博雅院校都作出了在本科開辦專業課程和更多研究生課程的調整。恒生大學也相應作出了調整，在珍惜美式博雅元素的同時，也培養學生獨立明辨思考、創新、人際溝通協調、人文關懷和社會責任等核心素養，這方面恒生大學的成效很不錯。

恒大的優勢之一是強調商科管理、人文社科與科技之間的融合。商科管理高質的生產要素，重點已經不在土地、資本、技術，而是人文、管理和數據。恒大獨特的環境，造就我們「博雅＋專業」的模式，我們強調本科不是為了尋找第一份工作，而是為了未來一生，畢竟工作以外還有生活和人生志趣。

說好恒大故事 吸引更好師生及更多捐助

問：

你曾說過不玩排名遊戲，恒大有沒有壓力？

答：

恒生大學不花費大學資源參與整體排名遊戲。目前整體排名由商業機構舉辦，有其商業利益和主觀考慮，我不太理會這種學校排名是升是跌，但如果有國際評核機構向我們搜集數據，我們還是會將客觀數據提供給他們。

我認為，整體排名不能反映學校的真正實力，現在的排名機構有太多商業考量，我認為排名或評分只應按不同層面或學科，並只運用客觀的數據和指標，結果應該是反映不同院校類型而非綜合單一的評分，不同類型的院校應該使用不同的、符合該類院校使命目標的指標作為評價標準。

「目前整體排名由商業機構舉辦，有其商業利益和主觀考慮，我不太理會這種學校排名是升是跌。」

整體排名高、品牌效應好的學校，較容易得到市場優待，但我不鼓勵政府主動提及這些整體排名，也不應該以商業機構給予的院校排名作為輸入高端人才的準則。我作為教育工作者及學校領導，認為政府不應為商業排名機構背書。院校應該主動令媒體和社會知道整體排名是什麼遊戲及其弊端，不應把它當成主要的表現指標。

何校長表示，恒大現階段不考慮申請成為應用科學大學，希望學校可以擁有更多靈活、自主性。

問：

政府早前提出會大力發展應用科學大學，重視職專教育，對恒大有什麼影響？

答：

應用科學大學在西歐和北歐有較成熟的體系，但其定義和內涵仍未有清晰共識。香港教育局近兩年鼓勵自資院校轉型成為應用科學大學，若主要利用額外資助作為誘因，恐怕會影響院校自主，模糊了院校自己追求的目標。政府不需期望所有自資院校都轉型成應用科學大學，避免造成負面標籤效應。

恒生大學現階段不考慮申請成為應用科學大學，因為我們希望學校可以擁有更多靈活性、自主性，可以依照院校不同的分工和角色給師生更多模式選擇。目前我們很多本科主修課程已是專業性質，我們支持校內個別學科計劃轉型成為應用科學，百花齊放，但大學整體不會因為額外的資助而放棄現在的理念和模式。

問：

恒大近年在籌款方面是否順利？香港經濟環境轉差，私人捐助有沒有減少？

答：

後疫情時代經濟轉差，恒大在籌款方面較之前困難，但困難不等於少了新契機，重點是怎麼説好自己的故事。我們樂於和不同持份者分享恒大與眾不同之處，我們不是與其他學校競爭，而是鼓勵支持不同院校各自的辦學理念。

恒大沒有政府資助資本與營運支出，仍能自負盈虧營運至今日水平，是很多人在背後支持才可以辦到的。如果認同恒大的理念和故事，即使剛開始捐獻的是小金額，相信也會慢慢變成大金額。

由於香港沒有美式的捐款文化，加上恒大不是歷史悠久的頂尖知名院校，所以更需要保持一個謙卑的態度和更多誠意去打動捐助者。即使最後不選擇捐款給我們，只要他們能夠更關心、支持恒大，我們也很感激。因為這可以令社會更認識恒大。

我們和恒生銀行有共同的創辦人和相近的價值觀，比如重誠信、勤奮、關愛、互敬等等，也感謝恒生銀行初期給了我們很多支持和捐助，這個品牌確實對我們辦學有很大幫助。成為大學之後，我們更加小心，因為不能給大眾一個觀感，認為我們是屬於某間銀行或銀行會影響我們的辦學方針。在架構、財政和管治上，我們是一間獨立自主的學校。

恒生銀行也明白一間獨立非牟利院校一定需要很多人捐助，因此亦支持我們嘗試不同方式尋找捐款人。我們很珍惜恒生的品牌和歷史緣由，愈來愈多人知道我們是財政和管治獨立自主的院校，並沒有任何固定或經常性的資助機構，因此很多人都樂意捐助我們發展。

培養博學篤行的全球公民與領袖

問：

恒大如何開拓內地生源？在大灣區有什麼部署？

答：

上面提及大學近年招收了較多內地學生，生源增長迅速，但我們要更好地照顧和支援他們。我們也在大灣區設立了辦事處和中心，積極推動與大灣區機構的合作創新，也讓師生在內地有更多機會發揮潛能。

恒大目前沒有足夠的人力、物力及知識經驗，在內地成立分校或建立一個新校園，但會與內地不同單位在當地合作，譬如與一些大學合作設立聯合研究中心或學院，利用夥伴的場地設施進行教研活動。四五年後，待其他本地大學吸收更多內地經驗，我們會再重新檢視時機是否合適建分校。

大學始終不是商業機構，毋須不斷追求規模增長，在外地建校也涉及新的風險。作為一間私校，資源人手有限，我們更要清楚自

香港恒生大學早前與前海金融機構簽署合作協議，攜手建立深港跨境金融人才培育和認證體系。（香港恒生大學提供）

己的定位，我們沒有傳統理工學科，在內地沒有取得國家研究經費的特別優勢，所以我們現階段選擇將精力專注在香港的教研發展和跨境協作項目上。

問：

香港是否有條件發展為國際專上教育樞紐？恒大可以擔當什麼角色？

答：

我對國際教育樞紐有不同的理解。大學並不是屬於某個地區的產物，而是一個可以和全世界互相交流合作的公開平台。我們鼓勵恒大師生在地球村關心急切的全球議題，以及如何為此作出貢獻，不只是與國際夥伴建立新課程、招收更多海外學生，而是大家如何共同面對全球難題。無論恒生大學的學生、教師、管理層都應負責任地提出解決方案，而非坐視不理。

問：

在世界地緣政治的緊張局勢下，恒大在聘請國際師資，吸引外國學生方面是否順利？

答：

恒生大學一直努力招聘國際教師。香港招收外地學生，客觀來說有一些實際上的困難，譬如高昂的住屋租金，但我相信，香港有一定的吸引力，不必過度擔心香港偏高的生活費會嚇跑外地學生。但無可否認香港也有很多不足的地方，比如對穆斯林學生的認識和

香港恒生大學校園位於沙田小瀝源，環境清幽。（香港恒生大學提供）

支援，我們需要更深入認識更多其他文化，不能只看表面。我相信，只要我們辦學辦得好，有更多人認識我們，在不影響本地學生的入學機會下，歡迎更多外地生成為恒大一分子。

香港現在很多院校的外地教師（包括海外和內地）比本地教師多，這是一個無法逆轉的趨勢。香港的大學有很好的傳統和配套，一向都有優勢吸引全世界最好的教授學者來香港。恒生大學不是純科研類型的大學，更着重學生在語文、文化方面的培養，因此外地教授不算多，相對之下，本地教授仍較多，但不影響跨境合作。我們已經和很多不同地區的院校簽訂了師生交流、科研和課程的合作協議，更多和國際交流才可能有新的突破與發展。

採訪：文灼非
撰文：曾思婷、何瑞莉
攝影：文灼峰

附 錄

香港高等教育何去何從 ——2014 十大校長訪談錄（縮略本）

2014 年 10 月 22 日灼見名家傳媒於中環恒生銀行總行博愛堂舉行十大校長論壇及創社開幕典禮。當年承蒙香港大學馬斐森校長、香港中文大學沈祖堯校長、香港科技大學陳繁昌校長、香港理工大學唐偉章校長、香港城市大學郭位校長、香港浸會大學陳新滋校長、嶺南大學鄭國漢校長、香港教育學院（今香港教育大學）張仁良校長、香港公開大學（今香港都會大學）黃玉山校長、恒生管理學院（今香港恒生大學）何順文校長鼎力支持親臨發言。香港高等教育在過去十年歷經風起雲湧，在世界高等教育舞台佔有舉足輕重的地位，特節錄當年十大校長發言精華與讀者分享，回顧校長們的真知灼見。

馬斐森校長：為百年學府注入新思維

馬斐森校長眼中的港大歷史悠久，是全中國唯一一所以英語授課的大學，加上與國內和本地其他大學有緊密的合作關係，且擁有勤奮忠誠的教職員及優秀的學生，這些優勢都應該維持並加以發揮。此外，港大畢業生就業數字極佳，99.7% 畢業生成功獲聘，馬斐森校長認為這些彪炳往績固然讓人鼓舞，但潛在的危機不容忽視，如學生因為有了現成的職業路徑而變得缺乏創意、不懂跳出固有思維模式，大學應正視這個問題，避免局限了學生的理想和抱負。

談到港大的不足之處，馬斐森表示，在這段高級管理層過渡的期間，大學存在着不確定性和停滯不前的隱憂，有些制度和程序也須作出改革，港大正在致力於這方面的工作。他亦提到，由於港大是一所公立大學，需要依靠政府資助，這或許會局限了大學的創新發展。除此之外，大學可能受香港瞬息萬變的政治狀況所影響，而他作為校長，首要工作就是在各方面為港大做到最好，避免港大偏離正確航道。

馬斐森認為，港大未來應加強與本地其他院校合作，雖然各所大學在資源、人才方面存在競爭關係，但只要彼此通力合作，良性的競爭未嘗不是好事。港大主要競爭對手在世界其他地方，我們應攜手把香港塑造成一個高等教育中心。

除了加強和各大學合作，在三三四學制下本科生有更長時間接受大學教育，使體驗式學習、跨學科實習等課程得以擴展。他希望體驗式學習能以實習、社區項目、交換生甚至交換老師等形式進行，務求讓學生得到港大以外的學習經驗，並把學到的知識帶回來。

他表示，最理想的情況是每一位港大學生都能有兩次在外地體驗的機會，一次在國內、一次在海外，以學習成為世界公民。不過，馬斐森承認，達成這目標需考慮資源和其他實際問題，而港大正積極進行這方面的工作，包括與世界各地更多高素質的大學建立夥伴關係，以及加強與內地大學的聯繫。

沈祖堯校長：走進人群 培養世界公民

走進人群，為的是要盡量地了解眾人的想法。「大學就是社會縮影，所以我需要明白社會內各持份者的思考方式，以及他們當前面對的問題。如果我沒有到前線教書，我就不能明白學生們的想法；如果我不使用社交網站，就不會知道他們現在有興趣的是什麼。」

談到中大，記者表示在僅有的經驗中，中大學生往往最能體現多元思維的實踐。沈校長解釋，這是基於兩個主因：一、人文學科與工商學科佔比各半。沈教授認為人文學科在中大佔得比較重，自然就會不停衍生出新的價值觀，令校園成為學習不同人文精神的福地，而這亦是全人發展的關鍵環節。另一方面，校長認為此與書院制的教育模式亦有關係。沈教授十分強調書院制中有關實踐人文精神的元素。他指出，在起初的時候，新亞、崇基兩個書院與中國人文思想及宗教思想有很緊密的關聯，認為書院是以另一個角度去展示人文關懷。「新亞書院創辦人錢穆先生曾說：『求學與做人，貴能齊頭並進』；崇基亦有濃厚的基督教精神。我相信，即使在中大成立以前，書院已是一個很好的土壤，促進多元思維在學校植根。」

然而，不能否認的是，中大作為亞洲一流學府，自然也要面對全球化的挑戰：一方面，在全球院校追逐排名的潮流中，人文學科正面臨被邊緣化的危機，另外，本地研究亦彷彿愈來愈不受重視。在這方面，沈校長一直有自己的堅持：「我覺得有些項目是無法量化的，西方有一句名言：『不是所有可數的事物都是重要的』（Not everything that is countable counts）。有些東西是數不到但是重要的，impact factor 等是很易量化，但又是否代表只是需要這些東西？」沈校長希望，大家看看外國一些著名大學可培育出怎樣的人才，他以耶魯大學為例，儘管不是全美第一學府，但歷來培養出多名美國總統及偉大領袖，令耶魯大學一直深受外界尊重。然而，這些深厚的歷史及人文資源，在現今講求量化計算的排名機制內，未必有很大幫助。

陳繁昌校長：加快推動本港大學國際化迎接挑戰

「香港科技大學的定位清晰，是本港第一所研究型大學。」科大校長陳繁昌娓娓道出該校的成功之道。陳繁昌形容，科大的成功是天時、地利、人和的結果。天時：由於歷史因素，港人自少接受兩文三語的訓練，能通英語，方便於國際上招聘人才；地利：香港貴為國際城市，擁護學術自由、言論自由，吸引信奉學術自主的國際學者。

除了人才的配合外，政府亦屬於人和重要的一環。「發展研究型大學的方法有很多種，保守一點的，可以將研究型大學的元素加諸在既有的綜合型大學系統上。這樣的話，不但風險較低，需要的資源亦較少。但當時政府並沒有採取這種方案，有先見之明，認為既然要發展，倒不如辦一間全新的研究型大學，給予我校龐大的發展空間和充足資源。」

「在國際化方面，科大注重的不是數量，不是說有愈多持有外國護照的教授和學生就愈好，我們是要透過國際化，讓本地學生得益，擴闊視野。我校有四成學生於畢業前最少出國交流一次，這就是國際化，大學生活的國際化。往後我們會繼續與世界各地的大學溝通，尋找更多合作夥伴。當然，在這之後，我們可以嘗試更高層次的，收取世界各地的大學生，鼓勵他們來港交流，這是世界一流大學的做法，例如哈佛大學，它也不是只錄取本地生的。」

陳繁昌補充，在國際化的進程中，不可只考慮外國的大學與人才，亦要考慮中國內地的。中國內地人才眾多，有出色的教授，亦有傑出的學生。除此之外，國內資源亦十分豐富，比如說研究基金。「香港的優勢是她是中國的一部分，同時又受惠於『一國兩制』，例如香港學者不用交中國的稅，卻又可以申請國內的研究資助。換了是美國的研究基金，香港人是不能申請的。」

他又認為，若不盡快推動本港大學國際化，勢將被其他亞洲國家的大學趕上，甚至超越。「現在很多亞洲國家都察覺到，大學發展不但對地方經濟有利，對國家整體發展亦相當重要。當中又以科技大學最為特別，因為科學研究與地區創新和經濟的關係密切。」他指出：「整個亞洲，我隨便數數也有十多所新的科技大學正在開辦。印度本來有七至八所 IIT（Indian Institute of Technology），聽聞未來會多建約九所；日本亦開辦了沖繩科學技術大學院大學，比科大還要新；新加坡亦有南洋理工大學；中國則有深圳南方科技大學、中國科技大學、北京國科大、合肥中科大、上海科大。」

陳繁昌認為，以上大學都會爭奪全球的一流教授，為了與之競爭，本港大學必須充分利用香港國際都會的優勢，吸納各地人才。「我們有外訪團隊，每次抵達外地，必先會見當地領事，了解當地高等教育業界情況，亦會與不同大學校長會面，比如說 MIT、UC Berkeley、哈佛大學，跟他們作學術交流。另外，我們外訪的目的之一，是要招聘各地人才，所以我們會在大學舉辦講座，向他們介紹科大及本港其他大學，比如在 MIT 的講座，共約有 70 至 80 人參加，反應相當踴躍。」

他強調香港必須保持警惕，尤其當中國於國際舞台上迅速崛起，香港稍一不慎，便會陷入被邊緣化的危機，所以必須推動國際化，讓世界了解香港的獨特之處。「最有效的方法是約見當地傳媒，接受他們專訪。另外我們的校友亦很幫得上忙，雖然我校歷史只有 20 多年，校友已遍佈全世界。比如說南美洲，我們在智利亦有校友，他們曾在科大攻讀 MBA，回流後在當地創業，搞得有聲有色。」

唐偉章校長：應用科研為工商業增值

唐校長指出：「Polytechnic 是理大的定位，透過科研協助製造業和工業的發展更上一層樓。當理大升格為大學時，我相信當時的管理層和老師因昔日理工的根源和感情，故此保留 Polytechnic 一字在校名中。時至今日，理大並非只有 Polytechnic（工藝專科），而是一所全面的大學，更擁有與工商業界保持密切關係的獨特之處。」

唐校長認為，理大的角色在於為製造業推動高增值的部分，培育人才。製造業北移帶走的只是生產過程，可是高增值的部分，包括產品設計和發明、市場推廣、品牌建立等，在香港仍是絲毫無損。「香港仍有很大的製造業，只是製造過程有所轉變，生產在其他地方進行。這種情況與美國公司相近，而製造業的重要性在於誰是品牌擁有者。縱然蘋果的 iPhone 不是在美國製造，但是品牌擁有者在美國，因此美國的蘋果公司擁有最大的利潤，反之製造的工廠所得的利潤不多。」

「再者，製造業的生產過程可運用微笑曲線（smile curve）加以解釋，微笑曲線的最高點代表貨品的最高價值在於起首的設計和發明，中間的凹陷部分是價值最低的生產過程，而微笑曲線的另一個最高點，則代表後期的品牌建立和市場推廣。因為公司設於香港，故此香港目前有微笑曲線的起首部分，加上有一些公司開始建立品牌，導致微笑曲線的另一個最高點也可在香港找到。然而，香港的重要性在於保留微笑曲線的起首部分，並將工廠發展至世界水平，建立自己的品牌。」唐教授指出，理大開辦的設計、服裝與紡織以及產品工程兼市場學等學士課程，已成為製造業研究、發明、品牌建立和市場推廣的人才搖籃。

2012 年大學學制由三年轉為四年，帶來眾多的轉變，理大的機遇亦蘊藏其中。唐校長表示：「改制是一個很好的機會。三年制只能提供一些主科供學生修讀，但是實施四年制後，大學可運用額外的一年，讓學生發展全人教育。我們有一個獨特和大膽的做法，便是要求學生參與服務學習才能畢業。服務學習不是擔任志願者，每星期做幾個小時便能達成，而是將知識學以致用，為社會做一件有意義的事情，令學生發現社會問題與所讀科目息息相關，體驗應用所學解決社會問題。」幾個月前，他與同事及 80 多個同學前往柬埔寨實踐服務學習，當中有部分同學修讀視光學。他們為數以百計的小童驗眼，其中有一批住在孤兒院的小童是 HIV 帶菌者。學生為小童驗眼時，發現少部分小童的眼睛已有一些患病的徵狀。對同學而言，為小童驗眼是一件很有意義的事情，並能實踐課堂所學的知識。「服務學習有助學生學以致用，並為社會帶來轉變，讓不同社群的人士得益。」

郭位校長：大學應該走在政府及社會前面

城大近年來積極推動創新，當中最講求創新、創意的創意媒體學院辦得有聲有色，得到社會認同，每年為電影、電視、本土創意工業提供大量人才。適逢政府近年有意推動創意工業，被問到城大會否增加一些學位作支援，以及創意媒體學院日後的發展，校長說：「城大投放了很多資源在創意媒體學院，我們希望制定一些新策略，令這個學院發展得更好。我們強調要有策略，因為不可能什麼都做，必須有一定的方向。我希望創意媒體學院能夠有香港特色，有本土的元素。另外，我不主張多開學位，參考美國的教育，在過去 50 年，美國大學的學位實際上沒有增加。社會不需要多加學位，但可以深化學位的內容。在創意工業方面，我想城大是走在政府前面，希望政府可以多支持我們。」

郭校長十分堅定地說：「We are ahead of the curve, we are ahead of the society」，他相信一所大學必須有遠見，走在社會及政府之前，這也是他堅持要開辦獸醫課程的原因。「城大曾向教資會申請開辦獸醫課程，教資會雖然並不贊成我們的提案，但沒有反對城大開辦。根據城大的調查，大部分香港人都贊成開辦獸醫學院。當社會成熟到一個階段，我們開始關心人和動物的福祉。所以，作為一個文明的社會，人們會關心人和動物的和諧。」而城大已經成立了動物醫學院，雖然當下只開辦博士課程，但有望在兩三年後開辦本科。「為了讓課程絕對成功，我們會跟美國康乃爾大學（Cornell University）合作，我相信歷史會證明我們這個決定是正確的，我亦相信動物醫學院將來必定是香港的驕傲，也是中國的驕傲。」

學生心中有很多惶恐，對於香港未來的定位有很多問號、疑惑。我建議他們多到世界各地走走，多看看這個世界，多思考，在學習方面可以更用功，我相信他們一定會從困境中走出來。外遊不一定要到美國、歐洲、日本，也可以到其他地方，例如印度、東歐、莫斯科，甚至非洲。但要有深度的去，去半年，甚至一年，在當地選修一些學科，我相信他們必定有所得着。」

陳新滋校長：政府少管一點 院校會辦得更好

浸大全人教育七大特點：民，是公民道德。讓學生成為具國際視野、品行高尚、有責任感的社會公民，希望他們投身社會後，能夠把學校所學的知識、技能貢獻社會。知，是知識。教導學生掌握當前最新學問，培養學術專業的深厚認識，並要擁有廣闊的文化知識和通識基礎。學，是學習。學生畢業後，要以開放接納、獨立探求知識的精神，貫徹終身學習。技，是技能。學生不但要掌握資訊科技、還要培養數字處理和疑難排解的能力，將來在生活及工作上發揮所長，提高工作效率。創，是創意。學生必須具備獨立與批判思考，亦須培養創意思維。通，是溝通。學校要求學生精通兩文三語，訓練出清晰有條理的思維及表達能力。群，是群體。學生須具備領導和服務團隊的精神，實踐健康生活模式。所謂全人教育，指的是一種以社會為本、以人為本的教育理念，培養學生成為有道德、能力、知識的人。

談到香港高等院校的發展，陳校長認為，以香港政府對大學投放的資源來說，本港大學已算做得相當成功。他解釋，香港的大學不只是浸大，很多大學的排名也很高，原因有二：一、國際化。相對於其他國家，香港的國際化發展比較好。本港大學的辦學語言主要是英語（也輔以普通話和粵語），師生範圍自然也國際化一些。由於國際化的關係，本港大學於全球的排名也提高了。二、師生校友的努力。跟其他有同等經濟地位的國家比較，在研究資源上，香港本應有新加坡、韓國、台灣等地的水平；但實際上，香港的研究資源投入佔 GDP 的百分比還很低，只跟泰國、馬來西亞的水平相若。在如此困難的情況下，香港的高等教育竟然也發展得這麼好，就代表各大學的老師、同學都是非常努力的。

90 年代末金融風暴後，亞洲各國致力經濟轉型，反觀香港的經濟、教育發展停滯不前。「如果院校擁有更多的自由，政府少一點干涉，會做得更好。現在的大學經常要給政府做一些虛功，但這其實顯示了政府對學校的不信任。我們的同事經常說，如果不用花時間面對政府的過度提問，學校可以更專心，發展亦會更快。其實，全世界最好的大學都是靠院校本身的努力，不用做這些虛功。以前的大學可能還不行，但現在香港的八間院校都已經到了這個地步，再用以前的方法檢查下去只會浪費時間。如果政府可以讓學校自由發展，同時多一些資源上的鼓勵，我相信香港的八間院校一定會比現在辦得更好。」

鄭國漢校長：亞洲容得下幾所出色的博雅大學

博雅教育一直是嶺大的金漆招牌，鄭校長表示：「在西方，博雅教育的英文是 liberal arts education，是自由教育的意思，其目的在於發展學生的心性和知識，一方面令學生有更廣博的知識，另一方面亦希望培育同學有獨立的見解，能以不同的角度分析問題。除此之外，博雅教育亦十分着重學生的態度、個人氣質，以及對社會的承擔、對社會的關心和公民意識。」

鄭校長認為，要達致博雅教育，必須從課程設計、教與學、宿舍生活、服務研習着手。他指出，在課程設計方面，嶺大為了配合 2012 年推行大學四年制，已訂定一個 120 學分的課程架構，涵蓋科目除了有文科、藝術學科、理科、自然科學外，亦有社會學，以實踐校方對擴闊和充實學生學習領域的承諾。嶺大提倡學生要多思考、多討論，故此實行小班教育，提升同學的學習素質。於此，老師對學生的學習進度亦十分着緊，老師會視教學為最主要的責任，而不只是發表自身的學術論文。而在宿舍生活方面，嶺大有 85% 的學生在校園內住宿，比率為全港各大學之冠。鄭校長認為住宿絕對是博雅教育的一部分，這可以令同學之間有更多時間互動、交流、討論。最後，嶺大要求學生對社會有承擔，故此規定同學畢業的要求之一，是要參與學校安排的服務研習，而且也要完成公民教育課程 civic education，希望安排學生走進社區，服務弱勢社群，將學術、知識和服務社會結合，培養他們關懷社會的心。

鄭校長認為，博雅教育不吃人間煙火這概念已過時，現今家長和社會對博雅學府的要求愈來愈高。他指出嶺大很早便提醒學生要為將來的職業作好準備，早點找自己的方向；同時，學校亦會安排實習機會給同學，讓同學可以接觸不同的職業，去找他們理想的職業。其次，很多博雅學府亦開始辦應用學科如電腦、醫療、法律，但當然是奠基於博雅教育之上開辦，嶺大亦將會開辦自然科學的非主修科。他表示嶺大 2014 年 1 月已經決定成立科學教研組，現在正招聘適合博雅大學的科學家。這個學科能為學生提供更多選擇，亦可以讓學生了解科學思維、科學方法等。「總而言之，博雅只是一個基礎，在淵博的知識上，再發展一個專業，才是理想的教育模式。」

鄭校長認為：「博雅教育的最大好處，是令學生的知識層面更廣闊，更淵博。當然相比起一些以專和深定位的學校，博雅教育未必能做到其專業和深度。但博雅教育卻是有其必要性，對於同學個人自身發展而言，博雅教育能夠豐富同學的知識，因為他們不只是懂得一個範疇的學識，而是多元化的。其次，對於就業也有幫助。不少僱主跟我分享，他們喜歡有獨立思考能力、有創意、具有良好的溝通能力、有團隊合作精神、有解決問題能力的僱員，博雅教育正正是培訓同學這方面的能力。」

張仁良校長：提升畢業生競爭力 迎接教院升格

張仁良教授一到教院上任，便邀請全港約 2,000 所幼稚園、小學和中學的校長就「未來教師主要能力之重要性」進行問卷調查，回收率超過 50%。「通過調查結果我們發現，校長們更注重的是老師的 EQ」，張校長解釋道：「其中我們總結出的學生前五個重要特質，依次是正面性格、正面工作態度、團隊合作能力、人際能力以及專業知識能力。」

針對這些市場的回饋，教院重新檢視現有教育學士課程的內容重點並順應僱主需求作出調整，以提升學生在畢業後的競爭力。比如說，在特殊教育領域，目前教院推行先導計劃，初步讓 100 名參與學生接受 15 個小時的特殊教育訓練，亦會被安排前往相關機構實習，然後視乎成效將特殊教育課程正式納入為教育榮譽學士課程中的聯課課程。2013 年 9 月起，開展教院課後支援計劃，與大埔區內八所中學合作，為特殊學習需要的初中生提供課後輔導服務。參與擔任導師的教院學生要接受九小時的課堂訓練並接受考試。另外，教院將安排學生參與社會服務，讓學生們在活動中培養正面的生活態度。

張仁良教授到教院後，進一步將課程的英文授課比率提高到 80%，希望提升教院學生（未來老師）的英語水準。從 2012/13 學年入學的新生開始，校方規定學生在畢業時必須符合語文政策對個別學科的「出關」要求。「在這一環境下，尤其是在兩文三語，我希望可以提升香港教育學院現有學生的水準。」在訓練學生的過程中，張校長將引入 mentorship（師徒制），2014 年開始是請一批中學校長來做學生的 mentor（導師）。「這可以讓學生更直接的了解自己未來的工作環境、所承受的壓力是怎麼樣的，讓他們能在入學開始就進行準備。」張仁良強調要構建這種聯繫，「我跟學生講，如果你覺得自己未決定好做老師的話，就不要去找教學的工作。」張校長直截了當地指出，「如果他們覺得自己有這樣的耐性，有這樣的堅定信念，那才應該去從事教職。」

在被問及香港高等教育面臨的最大挑戰，張校長先對現有成果給予肯定，再一針見血地挑明了問題的癥結所在：「香港的基礎研究做得不錯，大學資源也相當充沛。就教院的經驗而言，我們的知識轉移做得比較差。」教授們獲得研究經費後，在國際期刊發表文章，目的是為了學校排名及個人升遷，所以目前的最終產出（end product）就是發表的文章。「如何將研究成果用於社會，變成商業化，我們是不足的。當下香港社會很多市民都希望研究成果能使社會受惠，這也是我希望教授們可以認真考慮的。」

張仁良校長認為，教院已具備大學的條件，通過正名能夠進一步肯定教院，同時使教院成為以教育為本、開辦多元學科兼具研究實力的大學。在 2014 年入學禮對新生的致辭中，張校長表示：「雖然入學時大家仍是香港教育學院學生，但畢業時將會從一所專門培育優秀教育及相關學科人才的大學取得學位。」

黄玉山校長：帶領香港高等教育邁向新紀元

黄校長認為，昔日服務香港多間公立大學的經驗，對他現時服務公開大學大有裨益。因為在公立院校從事教育發展、提高課程和師資的素質、處理學校的行政，與在公開大學需要處理的事務有很多相同之處，所以從其他院校得來的經驗，均能在公開大學中學以致用。

香港高等教育始於 1911 年，因該年有首間高等教育學府香港大學的成立。經過百多年的發展，大學數量不再寥寥可數。黄校長指出：「昔日香港只有一間大學——港大，開辦的目的主要是為了培養公務員。其後因 1949 年內地的新移民湧入，知識分子和教會學校均遷至本港，高等院校的數量漸趨增加，60 年代初新亞書院、崇基學院、聯合書院合併為香港中文大學，但當時的中大規模仍小。時至今日，隨着知識型經濟和社會的發展，需要更多大學學額，故此現已供不應求。」面對目前只有約 18% 的偏低大學入學率，黄校長認為：「政府改變政策，從只發展資助的大學課程，改為發展半自資大學課程和自資院校的方向是正確的，亦能改變高等教育的生態。」

踏入千禧年，三三四的教育改革隨即展開。直至 2012 年則是高等教育改革的分水嶺，因大學由三年制課程改為四年制課程，標誌着大學規模的提升。黃玉山校長表示：「三三四學制為大學課程帶來革命，由職業訓練，變為加入通識，並非只有本科，有助擴闊學生的視野。」除了課程的改革，「三三四學制為大學的硬件和設施帶來飛躍，例如港大、中大、科大均興建了新教學大樓，設施漸趨精緻、實用和進步。」還有，「三三四學制促進香港高等院校與內地的實質性合作。因有更多的高等院校往內地開設分校，如浸大在珠海建立分校；中大在深圳開設分校；科大在廣州南沙成立分校等，而公大則正探討與內地高等院校合作的機會。」

縱然香港高等教育的發展有很多成就，但是亦有美中不足之處。黃校長指出，同學的視野仍然狹窄和冒險精神下降。他以自己孤身前往外國讀書的經驗為例，他往外國留學除了希望提高學歷，也希望增廣見聞；反觀現在的學生，即使有機會出國留學，仍希望留在香港，缺乏出去闖的心。另外，黃校長認為：「國際化並非有更多海外學生入讀，反而是香港學生選擇前往海外讀書，竭力了解國際間正發生的事情，培養對不同文化和語言的興趣。不但要增強國際視野，更要關心自己的國家，因為香港也是國家的一部分。」

何順文校長：私立大學有條件發展優質本科教育

「公立大學與私立院校兩者之間最大的分別在於自由。公立大學要依賴政府的資助，但由於恒院用的是民間的資本，故此我們的辦學理念、制度都比公立大學靈活和自由。例如開辦什麼課程、收什麼學生，我們都不受大學教育資助委員會（UGC）的束縛。只要學校有足夠的資源、師資、設備，我們就可以增加課程和學生。反觀公立大學，她們開任何的課程都要先得到政府和 UGC 的批核。」

何校長認為：「我們在香港有一定的優勢，因為恒院可以彌補公立院校的不足。自擔任校長後，我交代得非常清楚，我們的老師必須全程、全心、全意投入教育學生，不需要過多考慮與其他學校之間的競爭與排名。我現在再很清楚的說一遍，恒院不應太理會競爭，應該做回教育本質的東西。我相信，任何一間公立院校都沒有我們這種自由，各大校長都不敢說我剛才說的話。跟其他國家相比，香港私立院校的發展已經落後了，香港一定要急起直追，鼓勵利用民間的力量去辦好的學校。我希望能搭建一個新的台階，讓香港能夠發展有素質的私立大學。」

在何順文教授的眼中，「精英制」一詞卻有另外的意思，「根據我的理解，一間大學應該不論學生的家境、能力，把任何人轉變成為精英。」何順文教授深信本科教育是每一個人成長應有的機會，「本科教育不只是為了找工作，學生得到的也不只是四年學到的知識，而是對整個人的成長、思考、品格、視野、價值觀、社會責任，特別是人與人之間的關係都有幫助。如果可以在大學階段找到一位好老師，跟他建立一種亦師亦友的關係，可以終生受益。用考試把學生在入學前分類，會斷送一些學生接受本科教育的機會，這是一件很不公平的事。」

事實上，不少學生報讀大學都希望將來找到好的工作，大學演變成學生向上流動的階梯及追逐名位之地。何校長對此有不同的看法：「讀書不應只是為了一份工作，但學生有這個想法無可厚非。

但人生除了上班、下班外，還有家庭、生活、朋友、文化。工作只是人生的一部分，人生的目標除了關心入息與名利之外，還要追求自己的理想，改變這個世界。恒院的學生很特別，我最近見過幾組同學，他們不約而同都說會創業，不希望在社會胡亂找一份工作，同學在創業上的意欲，比很多院校強。我覺得找志同道合的同學一起去磨練，是一件很難得的事。他們有自己的理想，做自己想做的事。這已經打破了一畢業就做大公司的框框。」

香港：走向國際專上教育樞紐

大學校長訪談錄

灼見名家　編著

責任編輯　繆　穎
裝幀設計　高　林
排　　版　時　潔
印　　務　劉漢舉

出版
中華書局（香港）有限公司
香港北角英皇道 499 號北角工業大廈 1 樓 B 室
電話：（852）2137 2338
傳真：（852）2713 8202
電子郵件：info@chunghwabook.com.hk
網址：http://www.chunghwabook.com.hk

發行
香港聯合書刊物流有限公司
香港新界荃灣德士古道 200 - 248 號
荃灣工業中心 16 樓
電話：（852）2150 2100
傳真：（852）2407 3062
電子郵件： info@suplogistics.com.hk

版次
2025 年 7 月初版

規格
16 開（210mm × 150mm）

ISBN
978-988-8913-76-3